# 교실로 간 변호사 이랑이

### 형법과 민법 편

**교실로 간 이랑이: 형법과 민법 편**

© 임이랑, 진현정, 현운석

**초판 1쇄 인쇄** 2025년 2월 21일
**초판 1쇄 발행** 2025년 3월 5일

**지은이** 임이랑, 진현정, 현운석
**펴낸이** 박지혜

**기획·편집** 박지혜 | **일러스트** 다나
**디자인** 디스커버
**제작** 제이오

**펴낸곳** ㈜멀리깊이
**출판등록** 2020년 6월 1일 제406-2020-000057호
**주소** 10881 경기도 파주시 회동길 37-20, 202호
**전자우편** murly@murlybooks.co.kr
**전화** 070-4234-3241 | **팩스** 031-955-0601
**인스타그램** @murly_books

ISBN 979-11-91439-61-8 73360

* 이 책의 판권은 지은이와 (주)멀리깊이에 있습니다.
* 이 책 내용의 전부 또는 일부를 재사용하려면 반드시 양측의 서면 동의를 받아야 합니다.
* 잘못된 책은 구입하신 서점에서 교환해드립니다.

# 교실로 간 변호사 이랑이

**형법과 민법 편:**
임이랑·진현정·현운석 지음 | 다나 그림

뭐? 내가 초등학생이 되었다고?

멀리깊이

# 머리말

### 임이랑 변호사

여러분은 일상생활 곳곳에 항상 '법'이 존재한다는 사실을 알고 있나요? '법' 하면 드라마 속 멋진 변호사, 경찰서, 법원 등을 떠올릴 수 있지만 법은 그런 거창한 곳에만 존재하지 않습니다. 등굣길, 친구들과 다투는 상황, 급식을 먹는 순간까지도 각각 다른 법이 적용된답니다.

법을 배우면 자연스럽게 '논리적인 어린이'로 성장할 수 있습니다. 법은 문제의 원인을 찾고, 합리적인 해결책을 고민하는 과정이기 때문입니다.

한때 초등학교 선생님이었지만, 지금은 변호사가 된 이랑쌤과 함께 즐겁고 흥미로운 법의 세계로 떠나볼까요?

### 진현정 선생님

이 책은 2022 개정 교육과정의 방향성을 반영하여, 학생들이 실제 생활 속에서 법과 리걸 마인드를 적용할 수 있는 능력을 키우는 데 초점을 맞추고 있습니다. 또한 사회, 도덕, 국어 교과와 유기적으로 연결되어 있어, 학교 현장에서 통합적인 학습 자료로 활용하기에 적합합니다.

이 책을 통해 법이 더 이상 어렵고 딱딱한 주제가 아니라, 우리 삶과 밀접하게 연결된 친숙하고도 중요한 개념으로 다가가기를 바랍니다. 나아가 서로의 권리와 책임을 존중하며 더 나은 사회를 만들어 가는 데 밑거름이 되기를 기대합니다. 이제, 함께 교실 속 법률 여행을 떠나 볼까요?

## 현운석 선생님

어떻게 하면 법 이야기를 즐겁게 전할 수 있을까? 오랜 시간 고민한 끝에 흥미로운 방법을 떠올렸습니다. 바로 '임이랑' 변호사가 하룻밤 사이에 초등학생으로 돌아가 1년 동안 학교에서 친구들과 함께 지낸다는 상상 이야기를 만들어 냈습니다.

여러분은 선생님이나 부모님께 배우는 것보다 '이랑이'와 같은 또래 친구들과 함께 생활하면서 배우고 깨닫는 것들이 훨씬 더 많습니다. 그래서 이 책에는 여러분이 충분히 고민하고, 친구들과 의견을 나눌 수 있도록 다양한 상황과 과제를 포함시켰습니다.

이야기를 통해 법을 배우고, 친구들과 함께 의견을 나누면서 더 깊이 있는 배움을 경험해 보세요! 신나고 재미있는 과정이 되리라 확신합니다.

## 등장인물

### 열세 살이 된 변호사 임이랑
**ENFJ, 정의로운 사회운동가형**

초등학교 선생님이었다가 어린이와 사회의 약자를 보호하고 싶어 변호사가 되었습니다. 멀리깊이 초등학교에서 걸려 온 강의 요청 전화를 받은 다음 날, 마법처럼 초등학교 6학년이 되어 버립니다. 이랑이는 왜 초등학생이 되었을까요? 이랑이를 통해 교실에는 어떤 변화가 일어날까요?

### 배려 깊은 조력자 권평등
**INFJ, 통찰력 있는 예언가형**

주변 친구들에게 도움이 필요할 때마다 자기 일처럼 적극적으로 도와주는 다정한 친구입니다. 섬세한 성격으로 주변을 보살피며, 고민이 있거나 어려운 상황이 생길 때는 이랑이에게 적극적으로 상담을 요청합니다.

### 사랑스러운 사고뭉치 박심술
**ENFP, 재기발랄한 활동가형**

어떤 일이든 적극적이고 열정적으로 참여하며, 상상력이 풍부합니다. 때로 사건 사고를 일으키지만, 창의적으로 문제를 해결하는 능력도 뛰어납니다.

### 책임감 있는 모범생 이정의
**INTJ, 청렴결백한 논리주의자형**

조용하고 내성적이며, 침착하고 신중한 태도로 맡은 일을 성실하게 수행합니다. 책임감이 강하고 믿음직하지만, 지나치게 논리적이어서 친구들에게 공감하기 어려울 때도 많아요.

## 차례

머리말 • 4
등장인물 • 6
법은 무엇이고, 왜 필요할까? • 11
오늘부터 내가 초등학생이라고? • 22

### 1장. 죄를 지은 자, 벌을 받아라! 형법

사람을 처벌하는 법에는 엄격한 기준이 필요해! • 35
물건은 주운 사람이 임자일까? • 50
길에서는 매일매일 조심해야 해! • 63
친구 사이에도 범죄가 생길 수 있다고? • 73
불확실한 일에 돈이나 재산을 걸었다고? • 88
온라인에서도 범죄는 발생해! • 101
촉법소년은 처벌을 받지 않는다고? • 121
꽃으로도 때리지 마세요! • 129

## 2장. 법은 모두가 지켜야 하는 공정한 약속이야! 민법

약속을 하면 무조건 지켜야 할까? • 149
이제 그만 싸우고 싶다고요! • 161
내 돈 갚아야지, 심술아! • 173
층간소음, 이제 더 이상 참을 수 없어! • 180
미성년자의 거래, 취소할 수 있을까? • 192
흰둥이는 우리 가족이라고요! • 200
집주인이 우리 가족에게 나가래! • 211
우리 부모님이 이혼하신다고? • 222

부록 1. 교육과정 연계표 • 233
부록 2. 2022 개정교육과정 학교 자율시간 운영 자료 • 237

# 법은 무엇이고, 왜 필요할까?

### 소년 재판을 돕는 임이랑 변호사

법정에는 정적이 흘렀습니다. 지운이는 흐르는 눈물을 닦고 있었고, 지운이의 옆에서는 머리가 하얗게 센 할머니가 지운이의 등을 토닥이며 위로했습니다. 이 모습을 바라보는 임이랑 변호사의 눈시울도 차츰 붉어졌습니다.

'끝까지 냉정함을 잃어서는 안 돼!'

임이랑 변호사는 북받쳐 오르는 감정을 간신히 억누르며 재판에 집중하고자 마음을 다잡았습니다.

"자, 이제 마지막으로 보호소년의 <u>보조인</u>께 진술의 기회를 드리겠습니

> **보조인**
> 소년재판에서는 '변호인' 대신 보조인이라는 표현을 써요.

다. 보조인께서는 하실 말씀이 있으십니까?"

"네, 마지막으로 한 말씀 드리겠습니다."

**절도**
남의 물건을 몰래 훔치는 일을 말해요.

**복구**
망가지기 전의 상태로 돌려놓는 것을 말해요.

**마지막 진술**
법정에서 범죄사실이나 피해에 대하여 글이나 말로 표현하는 일을 말해요.

**최종 처분**
법정에서 사건에 대하여 해당 법규를 적용해 결론을 내리는 일이에요.

임이랑 변호사는 보호소년이 저지른 **절도** 행위로 인해 발생한 피해가 이미 **복구**되었다는 점과 보호소년이 자신의 잘못을 진심으로 뉘우치고 반성하고 있다는 점을 하나씩 강조하며 **마지막 진술**을 마쳤습니다. 이 말을 듣고 판사님은 잠시 깊은 생각에 잠긴 듯했습니다. 그리고 마침내 결심한 듯 **최종 처분**을 결정했습니다.

"자, 그럼 처분하겠습니다."

판사님의 엄중한 안내에 법정 안은 숨소리조차 들리지 않을 정도로 고요했습니다.

"보호소년은 반복적으로 물건을 훔치는 절도 행위를 했음이 분명하고, 그 피해가 상당하여 보호처분이 필요하다고 판단됩니다."

재판장의 단호한 목소리에 임이랑 변호사의 심장은 더욱 쿵쾅거리며 뛰었습니다. 이를 지켜보던 지운이와 할머니도 긴장감에 숨조차 고르기 힘든 모습이었습니다.

"보조인께서는 보호소년이 물건을 훔친 뒤에 원래 자리로 돌려놓았다는 점, 그리고 잘못을 인정하고 반성하고 있다는 점을 들어 용서를 구하셨습니다. 그러나 물건을 훔치는 일은 우리 사회에서 절대 용납될 수 없는 행동이며, 법으로 금지한 중대한 잘못이기에 반드시 처벌이 필요합니다."

임이랑 변호사는 재판장이 지운이에게 앞으로 똑같은 잘못을 반복하지 않도록 엄중하게 경고하려는 의도임을 알아차리고 고개를 끄덕였어요. 어떤 사정이 있더라도 법은 우리가 반드시 지켜야 할 최소한의 규칙이니까요.

### 이랑이가 알려주는 법의 의미와 중요성

▶ **법**: 법은 강제력이 있는 사회 규범입니다. 강제력이란 국가가 법을 지키지 않은 사람에게 벌을 주는 등의 방식으로 강제로 지키게 한다는 뜻입니다.

▶ **법의 중요성**: 법은 모든 국민이 안전하고 행복하게 살 수 있도록 하고 국민 전체의 권리를 보호하며, 범죄로부터 사회를 안전하게 유지하게 합니다.

▶ **법치주의**: 나라를 운영할 때 특정 지도자의 의견이 아니라 모두 함께 논의하여 만든 법을 따르는 원리를 말합니다. 우리나라는 법치주의 원칙을 따르고 있습니다.

법이란 우리 모두가 함께 지키기로 미리 정해 놓은 일종의 약속이며 모든 국민이 함께 지켜야 하는 공동 규칙입니다. 만약 이 법을 잘 지키지 않고, 자기가 원하는 대로 살아간다면 사회질서가 완전히 무너질 겁니다. 우리 모두가 안전하고 편안하게 생활할 수 있도록 우리를 보호하는 역할을 하고 있는 것이지요. 국민이 법질서를 제대로 지킬수록 정의롭고 안정된 나라로 평가받는답니다.

　법은 사람들 사이에 발생하는 다툼을 해결하고, 누군가 다른 사람의 자유와 권리를 침해하는 것을 예방합니다. 특히, 법은 범죄의 위험으로부터 국민을 안전하게 보호하는 역할을 하는데, 범죄를 저지른 사람이 나이가 어린 소년이라 하더라도 그냥 넘어가지 않고 법에서 정한 원칙에 따라 처리하는 소년재판이 대표적인 사례입니다. 판사가 '절대 하지 말아야 할 행동'을 강조한 이유도 바로 여기에 있습니다.

　그리고 법은 사람들 사이의 다툼이나 범죄를 해결할 뿐만 아니라 사회의 기초 질서를 유지하는 데에도 중요한 역할을 합니다. 예를 들어, 우리가 도로를 건널 때 신호등을 지켜야 하거나 쓰레기를 버릴 때 분리수거를 해야 하는 것처럼, 법은 우리의 일상생활 곳곳에 영향을 미칩니다.

　그리고 무엇보다도 여러분이 법을 가장 가깝게 느낄 수 있는 곳이 학교입니다. 학교 역시 다양한 법과 규정에 따라 운영되고 있습니다. 이처럼 국민 생활 전반을 '법의 원칙'으로 운영하는 것을 '법치주의'라고 하는데, 대한민국은 법치주의의 원칙을 매우 중요하게 여기는 나라입니다.

## 약자를 보호하고 평등한 세상을 만드는 법

'두근! 두근!'

임이랑 변호사는 재판장의 최종 결정을 기다리며 두근거리는 심장을 진정시킬 수가 없었어요.

"그러나, 보호소년이 아직 12세에 불과한 어린 학생이라는 점과, 재판 과정에서 반성의 태도를 보였다는 점을 고려하여, 소년에게 제1호 처분인 **'위탁보호위원에 의한 위탁'**을 명합니다."

> **위탁보호위원에 의한 위탁**
> 위탁보호위원은 보호소년을 월 2회 정도 만나, 소년이 잘 지내고 있는지 상담하고 관찰합니다.

재판장의 결정이 내려지자, 지운이를 위해 변론하던 임이랑 변호사도 그제야 가슴을 쓸어내리며 안심할 수 있었지요.

"변호사님, 정말 감사합니다."

지운이의 할머니가 이랑의 두 손을 꼭 잡으며 인사했습니다.

지운이는 북받쳐 오르는 감정을 아직 진정시키지 못한 듯 고개를 떨구고 있었습니다. 임이랑 변호사가 지운이에게 다가가 두 손을 꼭 잡아 주며 말했지요.

"힘들겠지만, 오늘을 절대 잊지 말아야 해. 오늘은 어린 소년이란 이유로 '보호처분'으로 끝났지만, 어른들의 세상에서는 이런 용서가 없단다. 앞으로는 잘할 수 있지?"

"네……."

지운이는 작은 목소리로 대답했지만 굳게 다문 입술에서는 큰 깨달음과 다짐이 엿보였습니다. 그렇게 그 사건은 무사히 마무리가 되었습니다.

***

재판을 끝낸 임이랑 변호사는 집으로 돌아와 잠시 휴식을 취하고 있었습니다.

'딩동!'

임이랑 변호사가 초인종 소리에 화면을 확인하니, 문밖에 어머니가 서 계셨어요.

"엄마, 연락도 없이 웬일이에요?"

"웬일이긴. 우리 딸 맛있는 저녁 챙겨 주러 왔지."

오랜만에 어머니와 함께 저녁을 준비하여 이런저런 이야기를 나누게 되었습니다.

"혹시 오늘도 국선 보조인인지 뭔지, 그 재판 봉사하러 갔다 온 거야?"

"네, 어떻게 아셨어요?"

"딱 보면 알지. 그런데 도대체 그 봉사활동은 왜 계속하는 거야? 힘들게……. 솔직히 요즘 어린아이라고 봐주면 안 된다고, 촉법소년이다 뭐다, 말들이 많잖아."

"엄마, 그건 다 과장된 이야기예요. 사실은……."

### 법은 약자를 보호합니다

- ▶ **국민의 권리 보장**: 법은 국민의 생명이나 재산을 보호하고, 국민 간의 갈등이나 다툼을 해결하며, 국민이 누려야 할 권리를 보장하는 중요한 역할을 합니다.
- ▶ **약자를 보호하는 법**: 법은 상대적으로 약자의 입장에 있는 사람들을 보호하는 역할을 합니다. 아동·청소년 보호, 소비자 보호, 노동자 보호 등이 이에 해당됩니다.

법은 사회의 질서를 유지하는 역할뿐만 아니라 국민의 권리를 보장하는 역할도 합니다. 우리나라 헌법에는 모든 국민이 동등하게 대우받아야 하고, 어떠한 차별도 받아서는 안 된다고 명시되어 있기 때문입니다. 국민의 권리는 헌법과 법률에 의해 보호되며, 이를 통해 우리는 표현의 자유, 사생활의 자유 등을 누릴 수 있고, 재산권, 교육받을 권리 등 다양한 권리를 보장받을 수 있답니다. 그리고 법은 개인의 권리가 서로 충돌하여 생기는 갈등이나 분쟁을 해결하는 역할도 수행하지요.

국민의 권리 보호와 함께 법의 중요한 역할로 강조되는 것이 '약자를 보호하는 것'입니다. '약자'란 힘이 없거나 도와줄 곳을 찾기 힘든 사람을 말합니다. 노인, 어린이, 장애인, 다문화 가족 등이 상대적인 약자에 속할 수 있지요. 법은 이런 '약자'가 사회적으로 차별이나 부당한 대우를 받지 않도록 보호하는 역할을 합니다. 이렇게 모두가 공평하게 대우받고, 안전하게 살아갈 수 있도록 돕는 것이 법의 역할이지요.

임이랑 변호사는 아직 미성숙한 아이들의 실수가 마치 범죄처럼 다뤄지는 현실에 늘 문제의식을 느끼고 있었어요. 실수는 누구나 할 수 있지만, 실수에 비하여 지나치게 심한 처분을 받는 것은 아이의 미래를 위해서도, 우리 사회 전체를 위해서도 결코 바람직한 일이 아니기 때문입니다.

## 초등학생에게도 법률 상식이 필요한 이유

"어머, 엄마는 그런 줄도 모르고. 하긴, 네가 초등학생일 때를 생각해 보니 엄마도 조금은 이해가 되는구나."

"제가 초등학생이었을 때요? 그때는 어땠는데요?"

모녀가 옛이야기를 한참 나누던 중, 임이랑 변호사의 핸드폰이 울렸습니다.

"여보세요."

"안녕하세요! 실례지만 임이랑 변호사님 맞으시죠?"

"네, 맞습니다. 그런데 누구신가요?"

"안녕하세요. 여기는 멀리깊이 초등학교이고, 저는 생활교육을 담당하고 있는 교사 현운석입니다."

"네, 안녕하세요. 그런데 저에게 왜 전화를 주셨을까요?"

임이랑 변호사가 당황하며 물었어요.

"변호사님께서 소년재판을 돕는 국선보조 활동을 수년간 해오신 것으로 알고 있습니다. 그래서 이번 기회에 저희 학교 학생들을 대상으로 특별수업을 부탁드리려고 연락했습니다."

"초등학생을 대상으로 특별수업을요?"

임이랑 변호사는 깜짝 놀라 되물었고, 선생님은 침착하게 설명을 이어갔습니다.

"요즘 초등학생들에게 정말 필요한 능력 중 하나가 법과 질서, 규칙을 준수하는 태도입니다. 물론 저희가 열심히 지도하고는 있지만, 변호사님께 직접 이야기를 들으면 훨씬 효과적일 것 같아서 부탁드립니다."

"아, 네⋯⋯."

당황한 임이랑 변호사가 얼떨결에 대답했으나, 승낙했다고 오해한 선생님은 기쁜 목소리로 말했습니다.

"변호사님 감사합니다! 그럼 일정 정해지는 대로 연락드리겠습니다!"

"네? 아, 네⋯⋯. 네, 알겠습니다."

전화를 끊고 임이랑 변호사의 머릿속이 복잡해졌어요.

'도대체 초등학생에게는 어떤 법 이야기를 들려주어야 할까?'

### 이랑이가 알려 주는 리걸 마인드(Legal mind)

▶ **리걸 마인드:** 어떤 문제를 해결할 때, 법의 기본 원리에 따라 접근하는 사고방식을 말합니다. 즉, 우리가 일상에서 마주칠 수 있는 다양한 사건이나 문제, 갈등, 다툼을 법의 원리와 연결 지어 생각하고 해결하는 능력이라고 할 수 있습니다.

리걸 마인드란 법조인들이 사고하는 방식을 뜻해요. 문제 상황을 맞닥뜨렸을 때, '현 상황의 문제점'이 무엇인지 파악하고, '논리적인 방식'으로 '해결'하는 사고방식이랍니다. 리걸 마인드가 있는 사람은 문제 상황을 훨씬 합리적인 방식으로 해결할 수 있습니다. 여러분도 이 책의 마지막 장을 덮을 때 즈음이면 누구보다 리걸 마인드가 뛰어난 어린이가 되어 있을 것입니다.

 자, 그럼 이제 임이랑 변호사와 함께 리걸 마인드의 세계로 떠나볼까요?

## 초등학생이 된 임이랑 변호사

"이랑아, 빨리 일어나. 학교 가야지."

늦은 밤까지 초등학생들에게 어떤 내용을 알려 줄지 고민하다 잠이 들어 버린 이랑은 엄마의 잔소리에 겨우 눈을 떴어요.

"오늘따라 왜 이렇게 늦잠을 자는 거야? 학교에 지각하겠다. 빨리 일어나!"

'엄마는 아직도 내가 어린아이인 줄 아시나 봐……. 그나저나 어제 집에 안 들어가시고, 여기서 주무신 건가?'

이랑은 오랜만에 듣는 엄마의 잔소리가 이상하게 느껴졌지만, 일단 방을 나섰습니다. 그 순간, 이랑은 깜짝 놀라고 말았어요.

"으악!"

갑자기 이랑의 비명을 들은 엄마가 깜짝 놀라 달려왔어요.

"이랑아, 무슨 일이야? 갑자기 왜 그래?"

이랑은 휘둥그레진 눈으로 엄마를 쳐다보았고, 갑자기 젊어진 엄마를 보고 더욱 당황할 수밖에 없었어요.

"왜 그래? 혹시 숙제를 깜빡하기라도 한 거야?"

놀란 표정으로 아무 말도 하지 못하는 이랑을 보고 엄마가 걱정되어 물었지요.

'말도 안 돼. 이건 꿈일 거야. 분명히…….'

이랑은 넋이 나간 표정으로 거울을 응시하며 자기 볼을 꼬집어 보았어요. 거울 속에는 영락없는 초등학교 시절의 이랑이가 작고 통통한 손으로 발그스레한 볼을 꼬집고 있었어요.

"아니, 얘가 도대체 왜 이러는 거야, 아침부터? 빨리 학교 갈 준비해야지!"

'학교에 가야 한다고? 내가?'

### 열세 살이 된 변호사 임이랑

- **이름**: 임이랑
- **성별**: 여자
- **나이**: 13세(초등학교 6학년, 실제 나이는 38세)
- **MBTI**: ENFJ(정의로운 사회운동가형)

초등학생으로 변한 이랑은 이제 어린이들과 친구로 지내게 되었네요. 초등학생이 된 이랑이는 좌충우돌 멀리깊이 초등학교에서 어떤 모험을 시작하게 될까요? 이랑이와 친구들은 과연 매일매일 벌어지는 문제들을 리걸 마인드로 해결할 수 있을까요? 그리고 이랑이는 다시 어른으로 돌아갈 수 있을까요?

이랑은 코로 들어가는지 입으로 들어가는지도 모르게 허겁지겁 밥을 먹고, 방문 앞에 걸린 가방을 챙겨 집을 나섰어요. 집 밖으로 나서는 순간부터 어디로 가야 할지 우왕좌왕할 수밖에 없었지요. 그저 비슷한 또래의 초등학생들이 걸어가는 길을 따라가기 시작했어요.

그러던 중, 갑자기 한 여자아이가 다가와 이랑의 어깨를 툭 치며 말했어요.

"이랑아, 같이 가자!"

"응? 어, 그래. 그러자."

얼떨결에 대답은 했지만, 누군지도 잘 모르는 그 아이를 힐끗힐끗 살피며 이랑은 같은 방향으로 걷기 시작했어요.

"이랑아, 너 어디 아파? 오늘따라 표정이 좋지 않은데……."

"응? 아무것도 아니야……."

이랑은 대충 얼버무리

며 최대한 태연한 척하려 애를 썼습니다. 하지만 이랑의 그런 어색한 모습이 걱정스러웠는지, 함께 학교로 향하던 친구는 이랑이의 얼굴을 자세히 살피기 시작했어요.

**배려 깊은 조력자 권평등**

- 이름: 권평등
- 성별: 여자
- 나이: 13세(초등학교 6학년)
- MBTI: INFJ(통찰력 있는 예언가형)

초등학생이 된 이랑이 가장 처음 만난 친구는 '권평등'입니다. 평등이는 평소 이랑이를 듬직하고 결단력 있는 친구라고 생각하고 있어요. 그래서 고민이 있거나, 선택하기 어려운 상황이 생길 때마다 이랑이에게 자주 의지한답니다.

평등이는 주변 친구들에게 도움이 필요할 때마다 마치 자기 일처럼 적극적으로 도와주곤 합니다. 아침에 이랑이를 보자마자 평소와는 다른 표정과 분위기를 금세 감지한 것도 평등이의 섬세한 성격 덕분이지요.

## 요절복통 6학년 생활이 시작되다

이랑은 과거와는 많이 달라진 교실의 모습이 신기하게 느껴졌습니다.

"앗! 아프잖아!"

"그러게 누가 먼저 시작하래?"

교실에서는 두 남학생이 서로 다투기 시작했어요. 처음에는 재미있게 장난을 치다가, 장난이 점점 심해지더니 결국 다툼으로 번진 모양이었지요.

"이랑아, 방금 너도 분명히 봤지?"

다투던 두 남학생 중 한 친구가 이랑이에게 도움을 요청했어요.

"응? 뭐를?"

사실 이랑은 아직도 현실을 제대로 받아들이지 못한 채 생각이 딴 데로 가 있었기 때문에, 두 남학생이 다투든 말든 전혀 신경 쓸 겨를이 없었지요.

"야, 임이랑! 방금 쟤가 나 때리는 거 봤잖아!"

"아, 미안해. 사실 제대로 못 봤어."

도움을 요청한 아이가 다시 한번 말해 봤지만 소용없었어요.

'딩동댕동!'

수업 시작 종소리가 울리자, 학생들은 각자 자리로 돌아가며 다툼을 잠시 멈췄어요.

'옛날이나 지금이나, 수업 종소리는 비슷하구나.'

이랑은 수업 종소리를 들으며 자연스럽게 초등학교 때의 추억을 떠올렸어요. 여전히 수업에는 전혀 집중하지 못했지요.

수업이 끝나고, 쉬는 시간이 되자, 이랑에게 다가온 한 남학생이 물었어요. 바로 수업 시작 전, 다툼의 한가운데에서 도움을 요청했던 그 남학생이었지요.

"그나저나, 이랑아. 너 오늘 왜 그래?"

"응? 내가 왜?"

남학생은 이랑이의 얼굴을 빤히 쳐다보더니, 뭔가 알아낸 듯 확신에 찬 목소리로 말했어요.

"아하! 알겠다, 알겠어. 너 오늘 아침에 부모님께 혼났지?"

"에이, 설마. 이랑이가 부모님께 혼날 애는 아니잖아."

옆에서 듣고 있던 평등이가 반박했어요. 그러나 그 남학생은 계속 자신의 예상이 맞을 것이라며 확신에 찬 표정이었지요.

"귀신을 속여도 나는 절대 못 속이지. 나야 맨날 혼나니까 익숙하지만, 모범생인 너는 어쩌다 한 번 혼나는 것도 충격일 테니까."

"응? 아……. 그런가?"

이랑은 얼버무리며 대충 대답했어요.

"하하! 그것 봐, 내 말이 맞지? 역시 나야. 그럼, 난 아까 해결

못한 일을 해결하러 가야겠다!"

그러고는 수업 시작 전에 다투던 친구에게 다가가 또다시 따지기 시작했지요. 이 집요한 남학생의 이름은 바로 '박심술'이랍니다.

### 사랑스러운 사고뭉치 박심술

- **이름:** 박심술
- **성별:** 남자
- **나이:** 13세(초등학교 6학년)
- **MBTI:** ENFP(재기발랄한 활동가, 스파크형)

심술이는 우리반 최고의 말썽꾸러기입니다.

그러나 어떤 일이든 적극적이고 열정적으로 참여하며, 상상력이 풍부해 남들이 생각하지 못한 창의적인 해결책을 제시하기도 합니다. 도전과 시도를 즐기는 성격 덕분에 친구들에게 좋은 모습으로 다가갈 때가 많지요. 평소 이런저런 문제를 자주 일으키면서도 동시에 재치 있게 해결하는 모습도 자주 보여 줍니다.

심술이는 이랑은 물론 평등이와도 절친한 친구입니다. 앞으로 많은 사건과 사고를 일으키겠지만, 그래도 절대 미워할 수 없는 매력적인 성격을 가진 캐릭터랍니다.

## 법과 질서, 규칙을 준수하는 태도

그렇게 하루가 지나고, 다음 날이 되었어요.

이랑은 여전히 초등학생으로 지내야 하는 상황이 익숙하지 않았습니다. 교실에 도착한 이랑은 책가방을 걸어놓고 교과서와 준비물 등을 정리하고 있었어요.

"아악!"

그때, 갑자기 뒤쪽에서 뒷걸음질 치던 한 남학생이 이랑이의 가방에 걸려 이랑이 쪽으로 넘어지고 말았어요.

"이런, 미안해, 이랑아. 괜찮아?"

"응? 어……. 괜찮아. 신경 쓰지 마."

넘어진 남학생은 괜찮다는 이랑의 말에 오히려 당황스러운 듯 얼른 자리를 피했어요. 그 모습을 지켜보던 다른 남학생이 고개를 갸웃거리며 이랑을 쳐다보더니 말했지요.

"이랑아, 너 웬일이야?"

"뭐가?"

남학생은 계속 이랑이를 빤히 쳐다보며 말했어요.

"너 평소에 저런 모습을 그냥 넘어가지 않았잖아."

"내가 그랬다고?"

무슨 영문인지 모르는 듯한 표정의 이랑을 보며 남학생은 침착하게 말을 이어갔어요.

"그래. 이랑이 네 덕분에 우리 반 아이들이 규칙이나 질서를 잘 지키게 된 게 많아. 그런데 어제랑 오늘은 좀 이상하다. 마치 주변 친구들에게 관심을 끊어 버린 것처럼……."

침착하고 신중한 말투로 이야기하던 남학생의 이름은 '이정의'입니다. 조용하고 내성적인 성격이지만, 평소 이랑이와 평등이, 심술이와 함께 친하게 지내던 친구였지요.

"그런가? 아, 내가 어제랑 오늘은 좀 피곤해서……."

이랑은 이번에도 적당히 얼버무리려 했지만, 계속 이렇게 피하기만 할 수는 없겠다는 생각이 들었어요.

'그래, 내가 이렇게 초등학교 교실로 돌아오게 된 이유가 분명히 있겠지. 이게 꿈이든 생시든, 여기서 해법을 찾고 돌아가겠어!'

### 까다롭지만 책임감 있는 모범생 이정의

▶ **이름**: 이정의
▶ **성별**: 남자
▶ **나이**: 13세(초등학교 6학년)
▶ **MBTI**: ISTJ(청렴결백한 논리주의자, 세상의 소금형)

조용하고 내성적이지만, 침착하고 신중한 태도를 보이는 정의는 맡은 일을 성실하게 수행하며 책임감이 강한 학생입니다. 그러나 정의에게도 한 가지 단점이 있었는데, 그것은 지나치게 논리적이고 이성적인 나머지 다른 사람의 감정에 잘 공감하지 못한다는 것입니다. 이 때문에 친구들과 마찰이 자주 생기기도 하지요. 특히, 외향적이며 감정적인 심술이와는 완전히 반대되는 성격이라고 볼 수 있습니다.

그럼에도 불구하고 정의는 이랑이, 평등이, 심술이와 잘 어울리며 지냅니다. 또한, 규칙과 질서를 존중하는 태도가 왜 중요한지 자주 보여줄 것입니다.

# 1장

# 죄를 지은 자, 벌을 받아라!

형법

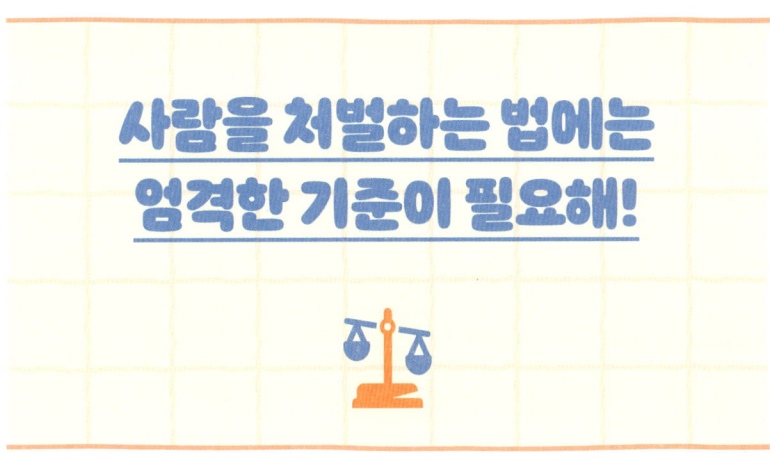

## 이걸 처벌하지 않는다고?

이랑이는 친구들과 함께 지내며 점점 학교생활에 익숙해지고 있었어요. 친구들과 자연스럽게 어울리다 보니, 가끔은 진짜 초등학생이 된 것 같은 생각이 들 때도 있었지요.

"얘들아! 오늘 체육관 간대!"

반 친구들 모두 체육관에 간다는 소식을 듣고 아침부터 들떠 있었어요. 체육수업이 없는 날이었는데도 선생님께서 체육관으로 이동하라고 안내하셨기 때문이지요.

"얘들아, 오늘은 체육이 아니고 심폐소생술 교육을 받는대."

"심폐소생술? 그게 뭐야?"

아이들은 호기심을 안고 체육관으로 향했습니다. 체육관에는 심폐소생술 실습용 인형들이 정렬되어 있었지요. 친구들 모두 정렬된 인형 앞에 바른 자세로 앉아 선생님의 설명을 기다렸어요.

"여러분, 오늘 배울 심폐소생술은 심장이 멈춘 사람을 살리는 중요한 기술입니다. 누구나 이 방법을 알면 위급 상황에서 사람의 생명을 구할 수 있어요."

사람의 생명을 구할 수 있다는 선생님의 말에 아이들은 더욱 집중해 수업에 참여하기 시작했어요. 그런데, 교육 중에 심폐소생술을 하면 환자의 갈비뼈가 부러질 수 있다는 이야기가 나오자, 심술이가 손을 번쩍 들었어요.

"그럼, 갈비뼈를 부러뜨린 죄로 처벌받으면 어떡해요?"

심술이는 진지한 표정으로 질문했습니다.

"응급의료법에는 선의의 응급의료행위에 대한 **면책조항**이 있어요. 생명이 위급한 응급환자에게 심폐소생술과 같은 응급조치를 했을 때, 안 좋은 결과가 발생하더라도 법적으로 책임을 지지 않도록 하는 내용이에요."

**면책조항**
어떤 상황에서 법적인 책임을 지지 않게 해 주는 규정이에요.

**골절**
뼈가 부러지거나 금이 가는 것을 말해요.

갈비뼈가 **골절**될 수도 있다는 이야기에 놀랐던 아이들도 선생님의 설명을 듣고 안심하며 고개를 끄덕였습니다.

그렇게 심폐소생술 교육이 끝나고, 어느덧 점심시간이 되었어요. 심술이가 점심을 먹다 말고 또 궁금한 것이 있다며 친구들에게 말했어요.

"지나가다가 사람이 쓰러졌을 때 심폐소생술을 하지 않고 그냥 지나가면 처벌받는 거야?"

"너 진짜 궁금증이 많구나?"

"난 심폐소생술 배웠으니까 꼭 도와줄 거야!"

평등이와 정의가 각각 대답했습니다. 이 대화를 유심히 듣던 이랑이가 말했어요.

"도와주지 않은 것이 도덕적으로 잘못된 일이지만, 법적으로 처벌받지는 않아."

정의는 고개를 갸우뚱하며 물었습니다.

"왜? 도덕적으로 잘못한 걸 처벌하는 게 법 아니야?"

이랑이가 대답했어요.

"누군가를 처벌하려면, 그 이유가 법으로 미리 정해져 있어야 해. 그런데 우리나라 법에는 아픈 사람을 도와주지 않았다고 처벌하는 규정은 없거든."

심술이는 놀란 표정으로 다시 물었어요.

"그럼 아무리 잘못된 행동이어도 법에 없으면 처벌을 못하는 거야?"

"그게…… 조금 이상하게 들릴 수는 있지만, 사실이야."

이랑이는 속으로 미소를 지으며 생각했어요.

'형법의 기본 원리부터 차근차근 설명해 볼까? 리걸 마인드!'

### 이랑이가 알려 주는 형법의 기본 원칙

▶ **죄형법정주의 원칙:** '죄형법정주의'란 법률에 죄로 정해 둔 것이 아니면 범죄로 보지 않고, 범죄가 성립하더라도 법에 정한 범위 내에서만 처벌할 수 있다는 원칙입니다.

※ 형법 제1조 1항 참조

형법은 어떤 행동이 범죄인지, 그에 따라 어떤 벌을 받을지 정해 놓은 법이에요. 이 법은 사회의 질서를 유지하고, 잘못된 행동에 대해 책임을 묻는 중요한 역할을 해요. 형법 제1조 1항에는 "범죄가 성립하고 처벌을 받으려면 그 행동을 한 당시의 법률에 따라야 한다."라고 적혀 있어요. 이것은 죄형법정주의의 아주 중요한 원칙이에요.

죄형법정주의는 사람들의 자유와 권리를 보호해 줘요. 만약 이 원칙이 없다면, 힘 있는 사람이 마음에 안 드는 사람을 벌주기 위해 갑자기 새로운 법을 만들고 감옥에 가둘 수도 있겠지요. 그래서 형법은 꼭 필요한 경우에만 만들고, 모두가 동의할 수 있도록 **사회적 합의**가 필요해요.

> **사회적 합의**
> 사람들이 서로 동의하고 약속하는 일을 말해요.

그렇다면 죄형법정주의는 우리나라에서만 적용될까요? 그렇지 않아요! 이 원칙은 전 세계적으로 사용되고 있답니다. 예를 들어, 1215년에 영국에서 만들어진 '대헌장(마그나 카르타)'에서도 이 원칙을 볼 수 있어요. 대헌장은 왕이 마음대로 사람들을 처벌하지 못하도록 만든 법이에요. 이 법 덕분에 왕의 권력이 약해지고, 시민들의 자유와 권리가 점점 더 중요해졌어요.

또한, 프랑스의 인권 선언 제8조에도 이런 내용이 나와요. "범죄를 저지르기 전에 만들어지고 **공포**된 법이 아니면 그 법으로 처벌받을 수 없다."라고 적혀 있지요. 이렇게 법이 있어야만 처벌할 수 있다는 원칙은 시간이 지나면서 모든 사람의 권리를 지키는 중요한 약속이 되었어요.

> **공포**
> 법을 정식으로 발표하는 것을 말해요.

처음에는 귀족들만 이런 보호를 받았지만, 지금은 모든 국민이 이 원칙 덕분에 함부로 체포되거나 재산을 빼앗기지 않을 수 있게 되었어요. 죄형법정주의는 사람들에게 공정하고 안전한 세상을 만들어 주는 중요한 원칙이에요.

## 범죄의 구성요건

"어? 내 필통이 어디 갔지?"

점심을 먹고 교실로 돌아온 심술이는, 책상 위에 두었던 필통이 사라진 걸 발견했어요. 필통 안에는 선물로 받은 소중한 샤프와 작년에 줄넘기 대회에서 상품으로 받은 황금 볼펜이 들어 있었지요. 당황한 심술이는 친구들에게 물어봤어요.

"내 필통 못 봤어? 분명 여기 있었는데!"

심술이의 당황하는 모습이 걱정되었는지, 정의가 조심스럽게 말했어요.

"어, 내가 그 필통을 본 것 같아. 아까 평등이가 가져가던데?"

"뭐라고? 야! 권평등, 네가 내 필통 가져갔어?"

심술이는 화가 나서 평등이에게 따졌지요. 평등이는 이유를 설명하려고 했지만, 흥분을 참지 못한 심술이가 먼저 소리쳤어요.

"그건 내 소중한 필통이야! 왜 가져간 거야? 너 절도범이야!"

심술이의 말에 억울해진 평등이가 울먹이며 대답했어요.

"바닥에 필통이 떨어져 있길래 주인이 누군지 몰라 저기 사물함 위에 올려놓은 거야! 절도범이라니, 말이 너무 심하잖아!"

평등이가 상활을 설명해도 심술이의 화는 가라앉지 않았지요.

"어차피 내 자리에서 떨어진 건데, 그냥 내 책상 위에 놓으면 되잖아! 법대로 하자!"

두 친구의 다툼이 심해지자, 보다 못한 이랑이가 나섰어요.

"얘들아, 진정해! 잃어버린 것도 아니고, 누가 훔쳐간 것도 아닌데 왜 이렇게 싸워?"

"그게 무슨 소리야? 분명 내 물건을 다른 곳으로 가져간 거잖아."

심술이는 여전히 화가 나 있었어요.

"가져간 게 아니라, 주인을 모르니까 사물함 위에 놓았다고 말했잖아!"

평등이도 억울해서 목소리를 높였어요. 큰 싸움으로 번지겠다 싶었던 이랑이는 더욱 차분하게 설명해야겠다고 생각했어요.

'필통 하나 가지고 절도범이라니, 이게 웬일이람? 두 친구에게 어떨 때 범죄가 성립하는지 알려 줘야겠군! 리걸 마인드!'

### 이랑이가 알려 주는 범죄의 구성요건

▶ **구성요건** : 구성요건이란 어떤 행동이 법으로 금지된 나쁜 행동(=범죄)이 되는지를 미리 정해 놓은 조건입니다. 정해진 조건을 모두 충족해야 그 행동이 범죄로 인정될 수 있어요.

누군가 한 문제 행동이 범죄에 해당되는지 구체적으로 따지는 것이 바로 구성요건입니다. 심술이의 주장대로 평등이가 절도죄를 저질렀는지 판단하기 위해서 먼저 절도죄의 구성요건을 들여다볼 필요가 있어요. 절도죄의 구성요건은 '타인의 물건을 훔치는 것'이에요. 위 상황에서 평등이가 심술이의 필통을 자신이 가지기 위해 일부러 훔친 것은 아니지요. 그렇기 때문에 평등이가 한 행동은 절도죄가 될 수 없답니다.

## 눈에는 눈 이에는 이?

수업 종료음이 울리고 쉬는 시간이 되자, 몇몇 아이들이 방금 전 도덕 시간에 선생님이 보여 주셨던 뉴스에 대해 흥분된 상태로 이야기를 나누기 시작했어요.

"에잇! 저런 사람은 감옥에서 절대 나오지 말아야 해!"

심술이도 고개를 절레절레 흔들며 동의했지요. 뉴스는 여러 번 도둑질을 하다가 잡힌 남자가 겨우 1년 형을 선고받았다는 내용이었어요. 심술이를 비롯한 많은 친구들이 처벌이 너무 약하다고 생각했어요.

"겨우 1년이라니, 말도 안 돼! 그 사람은 계속 나쁜 짓을 했는데 왜 이렇게 가벼운 형벌을 받은 거야?"

이름처럼 늘 정의로운 정의도 화가 난 표정으로 말했어요.

"1년 가지고는 그 사람이 반성할 리가 없잖아! 가게 주인들은 큰 피해를 봤는데, 그 사람은 겨우 1년만 감옥에서 살다 금방 다시 나올 거라고!"

"맞아, 피해 본 사람은 얼마나 속상하겠어. 범죄자가 제대로 벌을 받지 않으면 억울하잖아."

이랑이는 친구들의 반응을 유심히 살피며 조용히 맞장구쳤어요.

"하지만 형벌이 길다고 무조건 좋은 건 아닐 수도 있어. 중요한 건 그 사람이 반성하고 다시 좋은 사람으로 돌아오는 거 아닐까?"

잠시 고민하던 평등이는 다른 의견을 냈어요.

"잘못했으면 벌을 받아야지! '눈에는 눈, 이에는 이'라는 말 몰라? 그런 사람은 반성하기도 전에 나와서 또 나쁜 짓을 할지도 몰라. 피해 본 사람은 어떻게 보상받아?"

심술이는 평등이의 의견이 잘 이해되지 않는다는 듯 고개를 갸웃거리며 다시 물었어요.

"그렇다면 적절한 형벌이란 뭘까? 너무 가벼워도 문제고, 너무 무거워도 문제가 될 수 있겠네."

정의는 평등이의 의견에 조금은 동의하며 말했어요.

"둘 다 맞는 말이야. 피해자가 충분히 보상을 받고, 범죄자가 다시는 나쁜 짓을 못하게 해야겠지."

이랑이가 친구들이 이해하기 쉽게 정리했어요.

"그런데, 만약 범죄자가 감옥에 있는 동안 반성하지 않고 오히려 더 나쁜 사람이 되면 어떡하지?"

심술이는 여전히 불만스러운 표정으로 물었어요.

"교도소에서 범죄자를 교육하는 TV 프로그램을 본 적이 있어. 반성 프로그램을 만들어서 범죄자들이 진지하게 자신의 행동을 돌아보게 하면 어떨까?"

평등이의 말에 정의가 좋은 생각이라며 맞장구쳤어요.

"좋은 생각이야! 범죄자들이 사회로 돌아오기 전에, 다시는 나쁜 짓을 저지르지 않도록 교육을 받을 기회를 주는 거야! 그러면 또다시 범죄를 저지르지 않겠지!"

이랑이는 친구들의 열띤 토론을 보며 생각했어요.

'형벌에 대해 자세히 알려 줄 기회야. 리걸 마인드!'

### 이랑이가 알려 주는 형벌

▶ **형벌** : 형벌은 법을 어긴 사람에게 내리는 벌이에요. 우리나라 형법에는 여러 가지 형벌이 정해져 있어요. 사형, 징역, 금고, 벌금, 몰수 등이 있습니다.

※ 형법 제41조 참조

형벌이란 국가가 범죄를 저지른 사람에게 내리는 벌을 뜻해요. 여기서 중요한 건 형벌은 오직 국가만 내릴 수 있다는 점이에요. 개인이 직접 복수하는 일은 법적으로 허용되지 않아요. 그래서 국가가 내리는 형벌은 사회의 질서를 유지하는 데 꼭 필요한 수단이에요.

우리나라에는 사형, 징역, 금고, 벌금, 몰수 등 총 아홉 가지 형벌이 있어요. 여러분이 잘 알고 있는 것과 같이 가장 무거운 형벌은 사형으로, 사람의 생명을 빼앗는 벌입니다. 징역과 금고는 둘 다 교도소에 가두어 자유를 제한하는 형벌이에요. 두 가지가 비슷해 보이지만, 징역은 교도소에서 노동을 해야 하고, 금고는 갇혀만 있되 노동까지는 하지 않는다는 차이가 있습니다. 벌금은 돈을 내는 벌이고, 몰수는 범죄와 관련된 재산을 국가가 빼앗는 벌이에요. 이렇게 다양한 형벌이 있는 이유는 범죄의 종류와 심각성에 따라 적절한 벌을 줄 수 있도록 하기 위함이에요.

흥미로운 점은 단순히 벌을 주는 것만이 형벌의 목적이 아니라는 거예요. 형벌은 사람들에게 "이런 나쁜 행동을 하면 안 돼!"라는 경각심을 불러일으키고 범죄를 예방하는 데도 도움을 줘요. 먼 옛날에는 도둑질을 하면 손을 자르는 가혹한 벌도 있었어요. 그러나 현대 사회에서는 범죄자의 인권을 해친다고 보고 더 이상 이런 방법으로 처벌하지 않아요. 대신 다시 바른 행동을 하는 사람이 될 수 있도록 돕는 교화 프로그램을 통해 범죄자가 사회에 적응할 수 있도록 돕고 있어요. 이것이 형벌의 또 다른 중요한 역할입니다.

　형벌에 대해 사람들 사이에서 의견이 다를 때도 있어요. 심술이가 계속 이야기한 것처럼 어떤 사람은 '형벌이 너무 가벼워서 범죄가 반복되는 것이 아닐까?'라고 생각해요. 반대로, '너무 가혹한 처벌은 인간의 존엄성을 해친다.'고 말하는 사람도 있어요.

　하지만 앞서 이야기한 것처럼 형벌은 단순히 복수를 위한 것이 아니에요. 범죄를 예방하고, 죄를 지은 사람이 다시 범죄를 저지르지 않도록 도와주는 데 있어요. 또 다시 사회로 돌아와 잘 적응할 수 있도록 돕는 것도 중요해요. 그래서 형벌은 사회질서를 유지하고 모두가 공정하게 보호받을 수 있도록 하는 꼭 필요한 요소라는 사실을 잊지 말아야 합니다.

### 과제활동 — 너에게 형벌을 내리노라

아래에 제시된 상황을 읽고, 각각의 상황에서 어떤 형벌이 적절한지 생각해 봅시다. 제공된 형벌 선택지 중 하나를 선택하거나, 직접 적절한 형벌을 찾아보세요. 그리고 선택한 이유를 적어 봅시다.

**질문 1.** 현수는 학교 도서관에서 책을 읽다가 책이 너무 마음에 들어 몰래 집에 가져갔습니다. 현수는 어떤 처벌을 받아야 할까요?

- 일주일 도서관 출입 금지
- 도서관 규정에 따라 책값을 물어 주기
- 학교 청소 봉사 2시간
- 내가 생각하는 다른 형벌

선택한 형벌:
선택한 이유:

**질문 2.** 지연이는 시험 중 친구의 답을 몰래 베끼는 부정행위를 저질렀어요. 이 경우 지연이는 어떤 처벌을 받아야 할까요?

- 시험 점수 0점 처리
- 부정행위로 경고 및 다음 시험에서 감점
- 선생님과 면담 후 반성문 제출
- 내가 생각하는 다른 형벌

선택한 형벌:
선택한 이유:

**질문 3.** 다른 형벌을 선택한 친구들의 의견을 들어 보세요. 여러분이 결정한 형벌이 너무 가혹하거나 약하지는 않았나요? 형벌의 목적(예방, 교화, 처벌)에 맞게 선택한 형벌이 적절한지 생각해서 적어 봅시다.

> 읽을 거리  **지금보다 훨씬 엄격했던 과거의 형벌**

　과거 우리나라 형벌은 지금과는 매우 다르게, 때로는 무섭고 특이한 방식으로 이루어졌습니다. 법의 발달 초기에는 주로 사회의 질서를 유지하고, 잘못된 행동을 단호하게 다루기 위해 가혹한 형벌이 많이 사용되었습니다. 한 가지 예를 들면, 조선 시대에 가장 흔하게 사용된 형벌 중 하나가 곤장이었어요. 곤장은 나무 막대기로 범죄자의 엉덩이를 때리는 형벌인데, 죄의 무게에 따라 맞는 횟수가 달라졌습니다. 잘못의 정도가 심할수록 더 많은 곤장을 맞았지요. 100대가 넘는 곤장을 맞으면 목숨을 잃는 경우도 많았기 때문에, 곤장은 매우 무서운 형벌로 여겨졌습니다.

　유배는 죄를 지은 사람을 멀리 떨어진 섬이나 외딴곳으로 보내는 형벌이었어요. 특히 정치적인 잘못을 저지른 사람들에게 많이 사용되었습니다. 유배를 당한 사람은 가족과 떨어져 살아야 했고, 그곳에서 생계를 꾸려야 했습니다. 조선 시대에는 제주도나 흑산도 같은 섬으로 유배를 가는 경우가 많았지요. 유배는 사회와의 단절을 의미했기 때문에 그 자체로 큰 고통이었습니다.

　조선 시대에 가장 가혹한 형벌 중 하나가 능지처참입니다. 큰 죄를 지은 사람에게 적용된 형벌로, 몸을 여러 조각으로 찢어 죽이는 형벌이었어요. 특히 반역죄나 왕실을 모독한 죄인들에게 이 형벌이 내려졌습니다. 당시 사람들에게 능지처참은 공포 그 자체였어요.

　이처럼 과거 우리나라의 형벌은 오늘날과는 매우 달랐고, 특히 신체적 고통을 주거나 사회에서 완전히 격리시키는 형벌들이 많았습니다. 그러나 시간이 지나면서 형벌은 점점 더 인간의 존엄성을 중시하는 방향으로 바뀌었고, 오늘날에는 이런 가혹한 처벌들은 역사 속 이야기로 남아 있습니다.

## 운수 좋은 날

오늘따라 심술이가 유난히 싱글벙글한 얼굴을 하고 있네요. 학교로 오는 길에 문구점 앞에서 5,000원짜리 지폐 한 장을 주웠거든요. 심술이는 이 돈을 어떻게 쓸지 행복한 고민을 하며 교실로 들어갔어요. 이런 심술이의 모습이 이상해 보였는지, 이랑이가 물었어요.

"박심술, 너 무슨 기분 좋은 일 있어? 아침부터 싱글벙글이잖아."

"오늘 완전 대박! 문구점 앞에서 5,000원을 주웠거든!"

심술이는 흥분하며 대답했어요. 기대와 흥분을 감추지 못하는 심술이와는 달리, 이랑이는 걱정스러운 목소리로 물었지요.

"응? 그런데 그 돈 어떻게 하려고?"

"일단 이따가 집 가는 길에 음료수 사 먹으려고! 너도 사 줄까?"

이랑이의 예감이 맞았어요. 심술이는 주운 돈을 사용할 생각만 하고 있었지요.

"심술아, 그런데 있잖아……."

'딩동댕동'

하필 그때 수업 시작 종이 울렸어요. 이랑이는 하려던 말을 하지 못하고 자리에 앉았고, 이 일은 잠시 잊히는 듯했어요.

수업이 끝나자 모두 과학 수업을 듣기 위해 과학실로 향하고 있었어요. 그런데 이럴 수가! 과학실로 가는 복도에 심술이가 그토록 갖고 싶었던 한정판 샤프가 떨어져 있었어요. 가격이 비싸서 용돈으로는 살 수 없었던 바로 그 샤프였지요.

'아싸! 오늘 운수 대박인데?'

심술이는 오늘 정말 운수 좋은 날이라고 생각하며 샤프를 집어 들어 필통에 넣었어요. 과학 수업이 끝난 쉬는 시간, 심술이는 그 샤프로 배움 공책을 정리하며 행복에 젖어 있었어요.

그런데 그때, 앞자리에 앉은 평등이가 말을 걸었어요.

"심술아, 그 샤프 혹시 네 거야?"

"응! 이거 아까 복도에서 주웠다! 대박이지?"

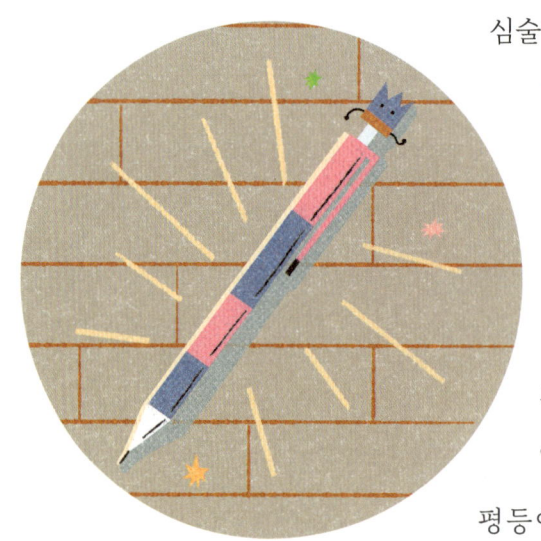

심술이가 신나서 말했어요.

"그 샤프 내 것인 것 같은데…… 자세히 봐도 돼?"

평등이가 조심스럽게 물었어요. 심술이가 대답도 하기 전에, 평등이는 샤프를 집어 들었어요.

"이거 내 거네!"

평등이는 샤프를 살펴보자마자 자기 것이라고 확신했어요.

"진짜 네 것이 확실해? 이름도 안 쓰여 있는데……."

샤프를 갖고 싶었던 심술이는 쉽게 미련을 버리지 못했어요. 둘 사이에 실랑이가 계속되자, 이랑이를 포함한 친구들이 모여들었어요. 그때, 평등이의 짝 정의가 말했어요.

"저 샤프 평등이 것이 맞는 것 같아! 엊그제 부모님이 사 줬다고 평등이가 나한테 보여 줬거든."

정의까지 샤프가 평등이의 것이라고 주장하자, 심술이는 당황하며 어찌해야 할지 모르는 표정을 지었어요. 이 모습을 보고 있던 이랑이는 심술이를 조용히 복도로 데리고 나갔어요. 그리고 물었지요.

"심술아, 그 샤프 어디서 주웠어?"

심술이가 대답했습니다.

"과학실 가는 복도에서 주웠어."

"그랬구나. 그렇지만 평등이 샤프가 맞는 것 같은데, 빨리 돌려주는 게 좋을 거 같아. 그리고 주인이 누군지 모르더라도 바닥에 떨어져 있는 물건을 함부로 가져가면 안 돼."

"왜? 어차피 주인 없는 물건인데?"

심술이가 놀라며 되물었어요.

"주인이 없는 물건을 발견했다고 해서 그 물건이 네 것이 되는 건 아니거든. 만약 주인이 없는 물건을 그냥 가져갔다가 발각되면 처벌을 받을 수도 있어. 물건을 훔치는 것과 비슷하게 범죄로 처벌받을 수도 있는 행동이야."

이랑이의 단호하고 무시무시한 말에 심술이는 가슴이 철렁 내려앉았습니다.

"정말? 처벌까지 받을 수 있다고?"

### 이랑이가 알려 주는 점유이탈물횡령죄

▶ **점유이탈물횡령**: 유실물(잃어버린 물건), 표류물(떠돌아다니는 물건), 또는 주인이 있지만 일시적으로 잃어버린 재물을 **횡령**한 사람은 1년 이하의 징역이나 300만 원 이하의 벌금 또는 **과료**에 처해요. 매장물(땅속에 묻혀 있는 물건)을 횡령한 사람도 똑같이 처벌받을 수 있어요.

※ 형법 제360조(점유이탈물횡령) 참조

**횡령**
남에게 돌려주어야 할 것을 자신이 가져가는 것을 말해요.

**과료**
경미한 범죄에 대해 2,000원 이상 5만 원 미만의 적은 벌금을 내는 것을 말해요.

주운 물건이나 돈에도 엄연히 주인이 있다는 것, 알고 있나요? 길에서 주운 물건이나 돈을 주인에게 돌려주지 않고 마음대로 사용하면 안 돼요. 왜냐하면 이런 행동은 남의 재산을 함부로 사용한 것과 같기 때문이에요. 우리나라 형법은 주운 물건이나 돈을 함부로 사용하는 행동을 '점유이탈물횡령죄'라고 부르고 처벌하고 있습니다. '점유이탈물'은 주인이 실수로 잃어버리거나 놓고 간 물건을 말해요. 예를 들어, 길에서 주운 지갑이나 떨어진 돈 등이 이에 해당해요. '횡령'은 다른 사람의 물건이나 돈을 보관하던 사람이 자기가 몰래 갖거나 주인에게 돌려주기를 거부하는 것이에요.

따라서 심술이처럼 주운 물건을 바로 돌려주지 않으면 죄가 될 수 있어요. 물건을 돌려줄 생각이었다고 해도 잃어버린 사람이 신고한다면, 내가 물건을 가질 생각이 없었다는 점을 증명해야 해요. 그러면 상황이 매우 곤란하고 복잡해질 수 있어요.

특히 주운 지갑 속에 있던 돈이나 카드를 사용했다면 죄가 더 무거워질 수도 있어요. 하지만 반대로 길에서 줍자마자 경찰서에 신고하여 주인에게 지갑을 돌려주었다면, 돌려준 금액의 5~20퍼센트 정도의 보상금을 받을 수 있답니다. 만약 신고한 후 1년이

지났는데도 주인이 나타나지 않는다면, 그 지갑은 주운 사람의 것이 될 수도 있어요. 그러니 물건이나 돈을 주웠을 때는 욕심 내지 말고 바로 경찰서에 신고하는 것이 가장 똑똑하고 올바른 선택이에요.

## 주운 물건을 사용하면 어떻게 될까?

"평등아, 정말 미안해. 샤프가 너무 갖고 싶어서 네 말을 듣고도 우겨 버렸어."

"그랬구나. 그래도 네 덕분에 샤프를 찾게 된 것 같아 다행이야."

이랑이의 말을 듣고 심술이는 먼저 사과를 했고 다행히 평등이는 사과를 흔쾌히 받아 줬어요.

"평등아, 이따 집에 갈 때 편의점에 들르자. 사과의 의미로 내가 한턱 쏘겠어! 내가 지금 주머니가 두둑하거든. 이랑아, 너도 같이 가자."

'설마, 아침에 주운 돈을 쓰려는 건 아니겠지?'

이랑이는 혹시나 싶어 심술이에게 물어봤어요.

"심술아, 아까 내가 해 준 말 이해한 거 맞아?"

"응? 아까 해 준 말? 주인한테 돌려줬잖아. 그게 왜?"

"그러니까, 주인이 없는 물건이라고 해서……."
'딩동댕동'

하필이면 결정적인 순간에 또다시 수업 시작 종이 울리는 바람에 이랑이는 말을 끝내지 못했어요. 심술이는 수업 내내 이랑이의 말을 떠올렸어요.

'이랑이 말대로라면 문구점 앞에서 주운 돈도 내가 가지면 안 되는 거잖아?'

'아, 그냥 줍지 말고 그 자리에 두고 왔어야 했나?'

'그런데 이제 와서 어떡하지? 이미 가져와 버렸는데…….'

심술이는 생각이 복잡해졌고, 수업에 집중할 수 없었어요. 그런 심술이의 복잡한 마음을 눈치챈 이랑이는 생각했지요.

'심술이가 고민이 많은가 보네. 5,000원 지폐를 어떻게 해야 할지 내가 잘 설명해 줘야겠다.'

수업이 끝나자마자 심술이는 이랑이에게 다가와 물었어요.

"이랑아, 아까 주운 돈을 어떻게 하면 좋을까? 곰곰이 생각해 보니까 내가 처벌받을 행동을 한 것 같아. 도둑이 된 것 같은 기분도 들고. 그런데 이미 가져와 버렸잖아. 나 절도죄로 처벌받을까?"

이랑이는 심술이의 고민을 듣고 안심하며 미소를 지었어요.

"수업 끝나고 집에 가는 길에 경찰서나 지구대에 맡기면 문제 없어. 그리고 주운 물건을 가져간 행동은 남의 물건을 훔치는 '절도'와는 달라. 도둑이 되는 건 아니니까 안심해도 돼."

**이랑이가 설명하는 절도죄와 점유이탈물횡령죄의 차이**

▶ **절도죄:** 절도죄는 타인의 물건을 몰래 훔칠 때 성립하는 범죄입니다. 타인의 물건을 훔친 사람은 6년 이하의 징역 또는 1,000만 원 이하의 벌금에 처합니다.

※ 형법 제329조 참조

절도죄는 남의 물건을 훔치는 행동을 말해요. 예를 들어, 친구가 잠시 자리를 비운 사이 가방을 가져가는 건 절도죄가 돼요. 즉, 물건 주인이 그 물건을 소유한 상태에서 가져가면 절도죄가 된답니다.

점유이탈물횡령죄는 주인이 현재 가지고 있지 않은 물건을 주워서 돌려주지 않고 가져갈 때 성립하는 범죄예요. 예를 들어, 운동장에서 누군가 잃어버린 지갑을 돌려주지 않고 자기 주머니에 넣고 집에 가져가면 점유이탈물횡령죄에 해당하지요. 심술이가 문구점 앞에서 주운 돈을 가진다면 절도죄는 아니지만 점유이탈물횡령죄에는 해당이 됩니다. 결국, 어떤 경우라도 내 것이 아닌 물건에 함부로 손을 대면 안 된다는 것을 명심해야 합니다.

## 주인에게 돌아간 물건

수업이 끝나고 심술이는 빠른 걸음으로 학교 앞에 있는 파출소에 갔어요.

"아저씨, 제가 아침에 문구점 앞에서 돈을 주웠어요!"

심술이의 정직한 행동에 경찰 아저씨는 웃으며 칭찬했어요.

"너는 아주 정직하고 똑똑한 어린이구나! 돈을 잃어버린 사람이 네게 고마워할 거야."

칭찬을 들은 심술이는 약간 뜨끔했지만 마음이 한결 편해졌어요. 올바른 행동을 한 덕분에 마음의 평화를 얻은 거지요.

가벼운 발걸음으로 파출소를 나서는 심술이를 이랑이가 기다리고 있었어요.

"잘 해결됐어?"

"응. 정말 고마워, 이랑아. 네가 없었으면 나 큰일 날 뻔했어. 그런데 너는 참 신기해. 이런 걸 어떻게 다 알고 있어?"

이랑이는 속으로 깜짝 놀랐지만, 태연한 척 웃으며 대답했어요.

"뭐 그냥 책에서 본 것도 있고, 어쩌다 알게 됐어. 집에 잘 가고 내일 보자."

심술이의 눈치에 살짝 당황했지만, 이랑이는 자연스럽게 인사하며 상황을 넘겼답니다.

## 점유이탈물 횡령이 될 뻔한 택배 사건

'띵동!'

어느 날, 심술이네 집으로 한우 세트가 배달되었어요.

"어머, 우리는 이런 걸 배달시킨 적이 없는데?"

깜짝 놀란 심술이 어머니를 보며 심술이 삼촌이 말했어요.

"누가 선물로 보냈나 보네! 감사히 먹어야지!"

심술이네 가족이 택배 박스를 뜯으려고 할 때, 마침 학원을 마친 심술이가 집에 도착했어요. 이야기를 들은 심술이는 어깨에 힘을 힘껏 주고는 큰소리로 말했지요.

"절대 먹으면 안 돼요! 이걸 먹으면 점유이탈물횡령죄로 처벌받을 수 있단 말이에요!"

"점유이탈물횡령죄? 그게 뭐야?"

온 가족이 모두 놀란 표정으로 물었지요.

"잘못 배달된 택배를 본래 주인에게 돌려주지 않고 그대로 먹어버리면 점유이탈물횡령죄로 처벌받을 수 있다고요. 이런 것도 모르셨어요?"

심술이는 의기양양하게 이랑이에게 배운 내용을 뽐냈습니다.

'띠링!'

그때 심술이 어머니 휴대전화로 택배 회사에서 문자가 왔어요.

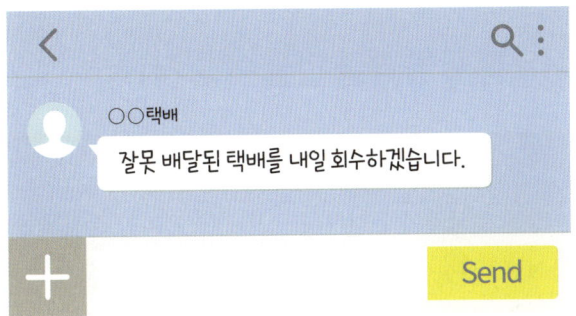

가족들은 심술이의 똑똑한 설명에 감탄하며 칭찬했어요.

"심술아, 네가 없었다면 정말 큰일 날 뻔했구나. 우리 심술이 정말 똑똑하고 기특하네!"

심술이는 어깨를 으쓱하며 웃었어요. 올바른 행동을 배운 덕분에 가족들에게도 멋진 모습을 보여 줄 수 있었지요.

### 과제활동 분실물함을 만들어 보자!

교실에는 많은 분실물이 굴러다니곤 합니다. 이러한 분실물을 어떻게 처리하면 좋을까요? 분실물함을 만들고 관련한 학급 약속을 토의해 봅시다.

❖ 우리 교실에 어울리는 분실물함을 디자인해 봅시다.

❖ 우리반 분실물함 설명서를 만들어 봅시다. 설명서를 만들 때 다음과 같은 사항들을 고려해 봅시다.

> 내용 1. 분실물을 발견했을 때의 올바른 행동은 무엇일까요?
> 내용 2. 누군가의 물건을 분실물함에 넣지 않고 자기 소유로 삼으면 어떤 문제가 생길까요?

> 예시) 분실물을 발견하면 이 상자에 넣어두고, 주인이 찾아갈 때까지 일주일 동안 기다려 주세요.

## 자전거와 헬멧은 한 몸이에요!

평소와는 달리 1교시 수업이 시작되기 전부터 선생님의 말씀이 길게 이어지고 있었어요. 주제는 바로 교통안전! 선생님의 표정은 무척 진지해 보였지요.

"요즘 자전거를 타고 등하교하는 학생들이 있지요? 손 한번 들어 볼까요?"

선생님의 질문에 네 명의 학생이 조심스럽게 손을 들었어요.

"그렇다면 손 든 친구들 중에 헬멧을 항상 착용하는 친구들은 손을 들어 보세요."

그러자, 네 명 모두 슬며시 손을 내리고 말았어요. 헬멧을 쓰지 않는다는 게 조금 부끄러웠던지, 서로를 쳐다보며 민망한 표정을 지었지요. 이 모습을 본 선생님의 표정은 더욱 굳어졌어요.

"자전거를 타고 다니는 친구들은 꼭 헬멧을 착용해야 합니다. 지금부터 자전거 사고가 얼마나 위험한지, 헬멧이 얼마나 중요한지 이야기해 줄게요."

선생님은 자전거 사고의 위험성과 헬멧 착용의 중요성에 대해 설명하셨어요. 하지만 대부분 고개만 끄덕일 뿐 대수롭지 않게 생각하는 분위기였지요.

*** 

그날 오후, 심술이와 평등이는 평소처럼 놀이터로 향했어요. 심술이가 자전거 보관소에서 아침에 타고 온 자전거의 잠금장치를 풀기 시작하자, 평등이가 걱정스러운 목소리로 물었어요.

"심술아, 아침에 선생님이 하신 말씀 기억 안 나? 헬멧… 내일부터는 꼭 쓸 거지?"

"헬멧은 귀찮아. 선생님도 모르실 텐데, 뭐. 그리고 내가 자전거를 얼마나 잘 타는데! 걱정하지 말고 이따 놀이터에서 보자."

심술이는 자신만만한 목소리로 대답했지만, 평등이는 아침에 선생님이 강조하신 말씀이 떠올라 마음이 불안했지요.

'그래, 심술이는 자전거를 정말 잘 타니까 괜찮겠지……'

심술이는 언제나처럼 자신 있게 페달을 밟으며 놀이터로 향했어요. 노란색으로 뒤덮인 스쿨존을 지나, 신호등이 없는 작은 횡단보도를 건너고 있을 때였지요.

"아악!"

갑자기 길을 건너는 사람을 보고 급하게 방향을 틀다가 심술이는 자전거와 함께 넘어지고 말았습니다. 바닥에 떨어지면서 심술이의 머리가 그대로 땅에 부딪혔지요.

놀란 주변 사람들이 모두 심술이에게 달려왔어요.

"여기 아이가 다쳤어요! 빨리 와 주세요!"

다행히 근처에서 사고를 목격한 분이 바로 119에 신고를 해서 심술이는 곧 병원으로 옮겨졌어요.

심술이의 부상은 다행히 심각하지 않았어요. 하지만 의사 선생님께서 헬멧을 쓰지 않았던 점을 지적하셨습니다.

"머리를 다치는 사고는 정말 위험할 수 있어요. 헬멧은 단순히 보호 장비가 아니라, 생명을 지키는 아주 중요한 도구예요. 앞으로는 꼭 기억하고 착용해야 해요."

심술이는 의사 선생님의 말을 들으며 선생님이 왜 그렇게 헬멧을 강조하셨는지 깨닫게 되었어요. '헬멧은 꼭 써야 해!'라는 말이 심술이의 머릿속에서 떠나지 않았지요.

**이랑이가 알려 주는 헬멧의 중요성**

▶ **도로교통법상 어린이 보호의무:** 어린이의 보호자는 도로에서 어린이가 자전거를 타거나 위험성이 큰 움직이는 놀이기구를 탈 때, 어린이의 안전을 위해 헬멧과 같은 인명 보호장구를 착용하도록 해야 합니다.

※도로교통법 제11조(어린이 등에 대한 보호) 제3항 참조

자전거나 킥보드처럼 아이들이 자주 타고 다니는 이동장치로 인한 사고는 생각보다 자주 일어납니다. 만약 헬멧 같은 보호장구를 착용하지 않았다면, 작은 사고에도 크게 다칠 수 있어요. 그래서 우리나라 법에는 보호장구 착용에 대해 규정하고 있답니다.

도로교통법에 따르면, 어린이가 자전거를 탈 때는 반드시 보호장구를 착용해야 한다고 정해져 있어요. 그중에서 가장 중요한 보호장구는 바로 헬멧이에요. 헬멧은 머리를 보호해 주는 장비로, 사고가 났을 때 머리 부상을 예방할 수 있어요. 헬멧 외에도 팔꿈치 보호대와 무릎 보호대를 착용하면 훨씬 더 안전하답니다.

그렇다면 보호장구를 착용하지 않았을 때 법적으로 처벌을 받

을까요? 그렇지는 않아요. 아직까지는 헬멧을 쓰지 않아도 벌금을 내거나 처벌받지 않습니다. 하지만 헬멧 착용은 법이 정한 규칙 그 이상으로 중요한 일이에요. 왜냐하면 이 법에는 아이들이 다치지 않기를 바라는 어른들의 걱정과 마음이 담겨 있기 때문이지요.

## 아찔한 체험학습 날 아침

오늘은 기다리고 기다리던 체험학습 날이에요! 평등이와 심술이는 아침 일찍부터 신이 나서 준비하고 함께 학교로 향했어요. 평소와는 달리 평등이도 꽤 흥분된 표정이었어요. 빨리 학교에 가고 싶은 마음이었는지 심술이를 앞질러 뛰기 시작했지요.

"평등아, 조심해! 이 근처에서는 특히 더 조심해야 해!"

얼마 전 사고를 겪은 심술이가 걱정스러운 목소리로 외쳤지만, 평등이는 들은 척도 하지 않고 계속 뛰었어요. 그런데 바로 그때, 길 건너편에서 자동차 한 대가 빠르게 달려오고 있었어요.

'삐익!'

교통경찰의 호루라기 소리가 들리더니, 자동차가 속도를 줄이며 멈췄어요. 평등이는 놀라서 멈춰 섰고, 다행히 사고는 나지 않았지만, 놀란 가슴을 쉽게 진정시키지 못했지요.

학교에 도착한 뒤에도 평등이의 얼굴은 창백했어요. 이랑이가 걱정스러운 목소리로 물었어요.

"평등아, 무슨 일 있었어? 즐거운 체험학습 날인데 얼굴이 왜 그래?"

평등이가 말을 꺼내기도 전에 심술이가 고자질하듯이 대답했어요.

"평등이가 아침에 횡단보도에서 뛰다가 차에 부딪힐 뻔했어. 내가 조심하라고 했는데도 말을 안 들었다니까!"

심술이의 말에 평등이가 작은 목소리로 말했지요.

"빨리 학교에 가고 싶어서 그랬어……. 분명 차가 없는 것을 보고 뛰었는데, 어느새 자동차가 바로 내 앞까지 와 있었어."

이랑이는 평등이를 위로하면서도 단호하게 충고했어요.

"스쿨존에서 뛰는 건 정말 위험한 행동이야. 스쿨존이라고 모든 차가 항상 천천히 다니는 건 아니거든. 바쁘게 가는 차들도 있고, 특히 아침에는 혼잡해서 사고가 나기 쉬워. 그러다 큰 사고라도 나면 너나 운전자 모두 곤란해지는 거야."

평등이는 이랑이의 말을 들으며 아까부터 궁금했던 질문을 꺼냈어요.

"그런데, 아까부터 계속 '스쿨존'이라는 말을 하던데… 스쿨존이 뭐야?"

> **이랑이가 알려 주는 스쿨존**
>
> ▶ **스쿨존(school zone)**: 교통사고의 위험으로부터 어린이를 보호하기 위해 학교, 유치원, 어린이집 등 어린이들이 자주 다니는 시설의 주변 도로 중 일정 구간을 어린이보호구역으로 지정하고, 자동차 등의 통행속도를 시속 30킬로미터 이내로 제한할 수 있는 지역입니다.
>
> ※ 도로교통법 제12조(어린이보호구역의 지정 및 관리) 제1항 참조

학교 주변의 도보와 도로가 노랗게 색칠된 곳을 본 적이 있을 거예요. 이곳을 모두 스쿨존이라고 합니다. 스쿨존은 유치원이나 초등학교 주변에 설치한 어린이보호구역으로, 학교 정문에서 300미터 이내의 통학로를 말해요.

스쿨존에는 어린이들을 교통사고로부터 보호하기 위해 여러 가지 안전표지와 도로 반사경, 과속 방지턱 등이 설치되어 있어요. 또한 자동차는 스쿨존 안에서 주차나 정차를 할 수 없고, 시속 30킬로미터 이하로 천천히 달려야 해요. 왜냐하면 어린이들은 몸집이 작아서 운전자가 잘 보지 못할 수 있고, 갑자기 뛰어드는 등 사고 위험이 크기 때문이에요. 실제로 어린이들이 많이 오고 가는 학교 근처에서 교통사고가 자주 일어납니다. 그래서 스쿨존을 지정하여 어린이들을 교통사고로부터 보호하고자 하는 것이지요.

### 이랑이가 알려 주는 스쿨존에서의 민식이법

▶ **일반적인 교통사고로 사람이 다치거나 죽은 경우:** 차의 운전자가 주의하지 않아 사람을 죽거나 다치게 한 경우에는 5년 이하의 금고 또는 2,000만 원 이하의 벌금에 처합니다.

▶ **어린이보호구역에서 어린이가 다치거나 죽은 경우:** 차의 운전자가 어린이보호구역에서 주의하지 않아 어린이를 다치게 한 경우에는 1년 이상 15년 이하의 징역 또는 500만 원 이상 3,000만 원 이하의 벌금에 처합니다. 만약 어린이를 사망에 이르게 한 경우에는 **무기징역** 또는 3년 이상의 징역에 처합니다.

※ 교통사고처리법 제3조 제1항, 특정범죄가중법 제5조의13 참조

---

**무기징역**
죽을 때까지 감옥에 가두는 형벌입니다.

**과실**
실수나 부주의를 뜻해요.

만약 스쿨존 안에서 교통사고가 발생하면 어떻게 될까요? 우선 교통사고에 관한 내용은 〈교통사고처리 특례법〉을 살펴봐야 합니다. 〈교통사고처리 특례법〉은 사람이 크게 다치거나 사망하는 교통사고가 났을 때, 가해자를 처벌하는 법이에요. 〈교통사고처리 특례법〉에는 열두 가지 중대한 과실에 대한 내용이 포함되어 있어요. 여기에는 신호 위반, 중앙선 침범, 과속, 음주운전, 무면허 운전, 어린이보호구역(스쿨존)에서의 안전 위반 등이 포함됩니다. 이러한 12대 중과실에 해당하는 경우에는 피해자가 가해자를 처벌하지 말아 달라고 하더

라도 **형사처벌**이 가능하지요.

특히 스쿨존에서 발생한 교통사고는 '민식이법'이라는 별도의 법에 의해 더욱 엄격하게 다뤄집니다.

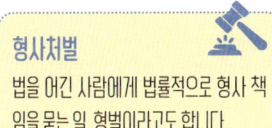

**형사처벌**
법을 어긴 사람에게 법률적으로 형사 책임을 묻는 일, 형벌이라고도 합니다.

## 민식이법이란?

민식이법은 2019년 9월 충남 아산의 한 스쿨존에서 발생한 교통사고로 9살 어린이 김민식 군이 사망한 사건을 계기로 제정되었어요. 이 사건 이후, 스쿨존에서 어린이를 보호해야 한다는 목소리가 커졌고, 이를 반영해 법이 제정되었지요.

민식이법을 간단하게 요약하자면, 스쿨존 안에서 교통사고로 인해 어린이가 사망하거나 중상을 입을 경우, 운전자에게 더 강력한 처벌을 부과하는 법입니다. 스쿨존 안에서는 어린이를 더욱 안전하게 보호하고 운전자들이 더 신중하게 운전하도록 만들자는 취지이지요.

**과제활동** 교통사고 몇 대 몇?

A씨의 어머니는 갑작스런 심장마비로 쓰러졌습니다. 이 때문에 A씨는 어머니를 살리기 위해 제한 속도를 초과하여 운전했으며, 교차로에서 신호를 무시하는 행위로 교통 법규를 위반했습니다. 이 과정에서 B차량과 충돌 사고가 발생했습니다.

**질문 1.** 위와 같은 응급 상황에서 속도위반을 했을 때도 법적인 책임을 져야 한다고 생각하나요?

- 책임을 져야 한다
- 책임을 지지 않아도 된다

이유:

**질문 2.** 책임을 져야 한다는 의견과 책임을 지지 않아도 된다는 의견에 대한 근거를 생각해 적어 봅시다.

| 책임을 져야 한다 | 책임을 지지 않아도 된다 |
|---|---|
| 예) 책임을 지지 않는다면 모든 사람이 급할 때 속도위반을 하게 될 수도 있다. | 예) 교통법규를 지키는 것보다 생명을 살리는 것이 더 중요하다. |

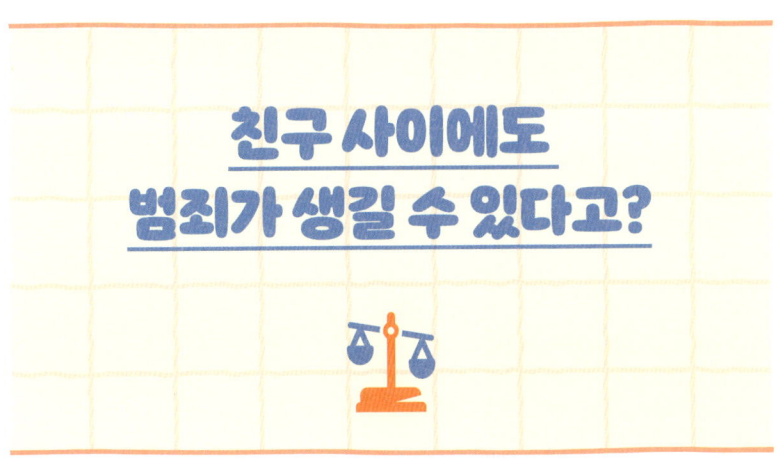

## 평생 따라다니는 꼬리표

이랑이는 요즘 토바토라는 아이돌에 빠져 있습니다. 오늘도 토바토 노래를 흥얼거리며 학교로 가는 길이었어요.

'아, 공부 때문에 학창 시절에는 못했던 아이돌 덕질을 이제야 하는구나. 하하!'

그때 뒤에서 걸어오던 평등이가 이랑이를 불렀어요.

"이랑아, 무슨 노래 들어?"

"평등아, 안녕! 나 토바토 노래 들어"

"나도 토바토 팬인데! 네 '최애'는 누구야?"

"최애? 최애가 무슨 뜻이야?"

"헐, 이랑아, 너 최애가 뭔지 몰라? 넌 평소에는 엄청 똑똑하면서도 이런 유행어는 잘 모르더라. 네가 가장 좋아하는 멤버가 누구냐고 물어본 거야."

당연히 요즘 아이들의 유행어를 모를 수밖에 없는 이랑이가 당황스러워할 때쯤, 뒤에서 다가온 정의가 소식 하나를 전했어요.

> **탈퇴**
> 조직이나 단체에서 관계를 끊고 물러나는 것을 의미합니다.

"애들아, 큰일 났어! 토바토 미키가 **탈퇴**했대!"

"뭐라고? 왜?"

이랑이와 평등이는 깜짝 놀라 소리치듯이 물었어요.

"미키한테 학교폭력 피해를 당했다고 주장하는 사람들이 인터넷에 글을 올렸는데, 그것이 사실이었나 봐!"

이랑이와 마찬가지로 토바토 멤버 중 미키를 제일 좋아했던 평등이는 눈물이 나기 일보 직전이었습니다.

"사실이 아닐 수도 있잖아! 그리고 학교폭력 가해자가 된 적이 있다고 탈퇴할 필요까지 있어?"

이랑이도 미키의 탈퇴는 속상했지만, 평등이의 말에는 동의하지 못했습니다. 속상함 때문에 학교폭력의 무서움을 잊어버린 평등이에게 꼭 알려 줘야 할 것이 생겼네요. 리걸 마인드!

\*\*\*

### 이랑이가 알려 주는 학교폭력의 정의와 종류

▶ **학교폭력:** 학교 안팎에서 학생을 대상으로 발생한 폭력 행위로 상해, 폭행, 감금, 협박, 약취·유인, 명예훼손·모욕, 공갈, 강요·강제적인 심부름 및 성폭력, 따돌림, 사이버폭력 등을 통해 신체적, 정신적 또는 재산상의 피해를 주는 행위를 말합니다.

▶ **학교폭력 가해학생에 대한 조치:** 학교폭력대책심의위원회에서 학교폭력 가해학생의 선도·교육을 위하여 내리는 조치로, 1호 '**서면사과**' 부터 9호 '퇴학'까지 아홉 가지 조치가 있으며, 일부 조치에 대해서는 학교생활기록부에 기재됩니다.

※ 학교폭력예방 및 대책에 관한 법률 제2조, 제17조 참조

**서면사과**
글을 통해 자기의 잘못을 인정하고 용서를 비는 것을 뜻합니다.

학교폭력은 여러분의 일상에서 일어날 수 있는 일이기 때문에 꼭 알아 두어야 해요. 학교폭력은 학생에게 신체적 고통이나 마음에 상처를 주는 행동, 재산상 손해를 주는 행동을 말해요. 대표적인 학교폭력의 종류를 하나씩 살펴볼게요.

먼저, 상해는 다른 사람을 심하게 다치게 해서 치료가 필요하게 만드는 것을 말해요. 폭행은 다른 사람에게 물리적으로 힘을 가하는 행동이에요. 예를 들어, 때리거나 밀치는 것이 폭행이 될 수 있어요. 하지만 다치지 않았다면 상해는 아니에요.

감금은 다른 사람을 어디에 가두고 나오지 못하게 하는 것을 말해요. 장난으로 친구를 교실에 가두는 것도 감금이 될 수 있어

요. 협박은 상대방에게 무서운 말을 해서 겁을 주는 행동이에요. 예를 들어, "너를 때리겠다." 또는 "친구들에게 네 얘기를 나쁘게 하겠다." 같은 말을 해서 상대를 불안하게 만드는 것이에요. 이런 말을 메시지나 SNS로 해도 협박이에요.

약취는 다른 사람을 강제로 어디론가 데려가는 것을 말해요. 납치와 비슷하다고 생각하면 돼요. 유인은 상대를 속여서 어딘가로 데려가는 행동이에요. 예를 들어, "재밌는 곳에 데려가 줄게."라고 말하고 위험한 곳으로 데려가서 괴롭히는 행위가 유인에 해당해요.

명예훼손은 사실이든 거짓이든, 다른 사람을 나쁘게 보이게 만드는 말을 해서 그 사람의 명예를 떨어뜨리는 것을 말해요. 거짓 소문을 퍼뜨리는 행동이 대표적인 사례이지요. 모욕은 다른 사람에게 욕설을 하거나 무시하는 말을 해서 상대를 기분 나쁘게 하는 행동이에요.

공갈은 상대방을 협박하거나 폭행해서 돈이나 물건을 빼앗는 것을 말해요. 예를 들어, "돈 안 주면 때릴 거야." 같은 말을 해서 돈을 빼앗는 경우예요. 강요는 상대가 하기 싫은 일을 억지로 시키는 것을 말해요. 예를 들어, 친구에게 숙제를 대신하게 하는 것이 강요에 해당해요. 이와 비슷하게, 친구에게 "빵 사 와!"라고 억지로 심부름을 시키는 것도 학교폭력이에요.

성폭력은 상대방이 원하지 않는데 성적인 행동을 강요하거나 괴롭히는 것을 말해요. 성폭력은 학교뿐만 아니라 사회에서도 아주 큰 문제로 다루고 있어요. 요즘에는 인터넷이나 SNS에서도 이런 행동이 일어나는데, 이를 사이버 성폭력이라고 해요.

따돌림은 친구를 무리에서 배제하거나 혼자 내버려 두는 것을 말해요. 친구를 일부러 소외시키는 행동이에요.

사이버폭력은 인터넷이나 SNS에서 다른 사람을 괴롭히는 모든 행동을 말해요. 현실에서 일어나는 폭력이 온라인에서 나타나면 사이버폭력으로도 볼 수 있어요.

이러한 행동들을 한다면 학교폭력으로 신고를 당할 수 있고, 가해자로 인정되면 특별한 교육이나 처벌을 받을 수 있어요. 심각한 경우에는 학교생활기록부에 기록이 남아 오랫동안 영향을 줄 수도 있답니다. 이렇게까지 엄중하게 처벌하는 이유는 학교폭력의 심각성을 알리고 미리 경고해 예방하기 위함입니다.

## 나도 학교폭력의 피해자?

"그래, 맞아. 학교폭력이 이렇게 심각한 일이었지!"
이랑이의 말을 들은 평등이는 생각이 바뀌었지요.
"학교폭력으로 당장 처벌받는 것도 문제지만, 학교폭력 가해자라는 기록이 어른이 되어서까지 없어지지 않을 수도 있는 것이 더 무서운 거였네."

평등이의 말에 이랑이가 덧붙였어요.

"맞아. 미키가 탈퇴한 것은 속상하지만, 그만큼 학교폭력 피해자들이 겪는 고통이 얼마나 큰지 알아야 해."

그런데, 평소 같으면 이렇게 이랑이가 말할 때 신나게 참견하던 심술이가 오늘따라 보이지 않았습니다.

"그나저나 요즘 심술이가 왜 이렇게 조용하지? 심술아, 뭐해?"

이랑이는 혼자 조용히 앉아 있던 심술이에게 다가갔어요.

"응? 그냥 학원 숙제하고 있어."

심술이가 작고 힘없는 목소리로 대답했어요. 평소라면 쉬는 시간에 저렇게 혼자 조용히 숙제를 하고 있을 심술이가 아니었지요.

"너 무슨 일 있어?"

심술이는 우물쭈물 망설이며 주변 눈치를 살피더니, 이랑이에게 교실 밖으로 나오라고 조용히 손짓했어요. 그리고 솔직한 이야기를 털어놓기 시작했습니다.

\*\*\*

며칠 전 점심시간이었어요. 심술이는 교실에서 친구들과 함께 '할리갈리' 게임을 하고 있던 중이었지요. 카드가 완성되면 종을 먼저 치는 사람이 이기는 신나는 보드게임이었어요. 그런데 게임

을 하다가 심술이와 현상이가 거의 동시에 벨을 누르는 일이 발생했어요. 여기서부터 다툼이 시작되었답니다.

"어? 내가 먼저 벨 눌렀어!"

"아닌데? 내가 먼저 눌렀거든?"

심술이는 자기가 먼저 벨을 눌렀다고 말했지만, 현상이는 지지 않고 "내가 먼저 눌렀어!"라며 맞섰어요. 둘은 점점 언성을 높이며 실랑이를 벌였고, 결국 화가 난 현상이가 심술이를 밀쳐 버렸어요. 심술이는 그만 넘어지면서 팔꿈치를 부딪혀 상처가 나고 말았지요. 주변 친구들은 깜짝 놀라 어떻게 해야 할지 몰라했어요. 하지만 현상이는 심술이가 다친 것도 모르고 화난 목소리로 심한 말을 퍼부었어요.

"넌 키도 작은 게 보드게임도 제대로 못 하냐! 앞으로 까불지 말고 졌으면 인정해라!"

현상이가 쏘아붙이자, 게임이 중단된 것이 화가 난 다율이도 심술이에게 한마디 던졌습니다.

"아, 정말 박심술! 너 때문에 게임이 망했잖아."

심술이는 너무 억울하고 창피해서 그만 자리를 떠 버렸어요. 속상하고 부끄러운 마음 때문에 다친 팔꿈치의 통증조차 느껴지지 않았답니다.

평소에는 친구와의 다툼도 금방 털어 내던 심술이었지만, 이번에는 달랐어요. 안 그래도 현상이가 심술이의 키를 가지고 놀릴 때마다 속상했거든요. 현상이에게 사과를 받고 싶었지만, 덩치 큰 현상이가 밀치던 순간 덜컥 겁이 났던 것이 자꾸 생각나서 용기가 나지 않았어요.

심술이의 이야기를 들은 이랑이는 당장 현상이를 불러 사과하게 하고 혼내 주고 싶었어요. 하지만 자신은 그저 같은 반 친구일 뿐이었어요. 대신 이랑이는 심술이에게 조심스럽게 말했어요.

"심술아, 이 일은 선생님께 꼭 말씀드려야 할 것 같아. 네가 겪은 일은 학교폭력으로도 볼 수 있거든. 지금도 네가 많이 속상해하고 있잖아."

이 말을 들은 심술이는 깜짝 놀랐어요.

"선생님께 학교폭력으로 신고하라고?"

"응. 물론 이 일을 학교폭력으로 신고할지 말지는 네가 선택할 일이야. 하지만 내가 보기에는 꼭 선생님께 말씀드려야 할 것 같아. 현상이가 널 다치게 했고, 평소에도 계속 키가 작다고 놀렸다면서. 그런데 아직 사과도 안 했잖아."

심술이는 이랑이의 말을 듣고 잠시 고민하다가 결심한 듯 선생님께 가서 말씀드리기로 했답니다.

\*\*\*

"선생님, 저 말씀 드릴 일이 있어요."

심술이는 선생님께 있었던 일을 빠짐없이 말씀드렸어요.

"놀랐겠구나, 심술아. 혹시 이 문제를 어떻게 해결하면 좋을지 생각해 봤니?"

선생님이 심술이의 상태를 살피며 조심스럽게 물어보셨어요.

"우선, 현상이가 저한테 진심으로 사과했으면 좋겠어요. 그리고 다시는 그러지 않겠다는 약속을 받고 싶어요. 만약에 사과와 약속을 하지 않으면 학교폭력으로 신고하고 싶어요."

심술이는 울음을 꾹 참으며 선생님께 이야기했어요.

"음, 그렇구나. 우선 선생님이 현상이와 이야기해 볼게."

***

그날 점심시간, 선생님이 심술이를 부르셨어요. 선생님 옆에는 현상이가 고개를 푹 숙인 채 서 있었지요.

"심술아, 현상이가 네게 진심으로 사과하고 싶다고 했단다. 직접 사과를 들어 보겠니?"

"네……."

심술이는 떨리는 목소리로 대답했습니다.

"심술아, 내가 밀쳐서 네가 다친 줄 몰랐어. 다치게 해서 미안해. 게임에서 이기려고 하다 보니 그렇게 됐어. 그리고 키가 작다고 놀린 것도 정말 미안해."

현상이는 조금 머쓱한 표정이었지만, 진심으로 사과했어요.

직접 사과를 들으니 심술이는 화가 조금 풀리는 것도 같았어요. 그동안 괜히 혼자 속상해했던 것처럼 느껴지기도 했지요. 선생님이 말씀하셨어요.

"상대방을 밀치거나 놀리는 건 분명히 학교폭력이란다. 앞으로 절대 이런 일이 일어나지 않도록 약속할 수 있겠니?"

"네. 다시는 그러지 않겠습니다."

현상이는 풀이 죽은 목소리로 약속했어요. 심술이의 마음은 한결 가벼워졌습니다. 물론 현상이와 예전처럼 편하게 지내려면 시간이 조금 필요할 것 같았지만요.

그날 집에 가는 길에 이랑이는 심술이에게 물었습니다.

"심술아, 아까 잘 해결됐어?"

"응. 네 말대로 선생님께 말씀드리고, 현상이한테 사과랑 약속도 받았어."

"그래? 다행이다. 학폭위는 안 열어도 되겠네. 앞으로 이런 일이 있으면 바로 선생님께 알리도록 해!"

"그런데 이랑아, 학폭위가 뭐야? 항상 말로만 들었지 뭔지 잘 모르겠어."

'아직은 학교폭력대책심의위원회(줄여서 학폭위)에 대해서 잘 모르겠구나! 아이들이 반드시 알고 있어야 하는 내용이니까 꼭 짚고 넘어 가야지. 리걸 마인드!'

### 이랑이가 알려 주는 학교폭력대책심의위원회

▶ **학교폭력대책심의위원회:** 학교폭력 예방 및 대책에 관련된 내용을 심의하기 위해 각 지역의 교육지원청에 설치하는 위원회입니다. 이 위원회는 학교폭력 예방 및 대책을 마련하고 피해 학생 보호, 가해 학생에 대한 선도와 교육, 징계, 그리고 갈등 조정이나 중재 등의 역할을 수행합니다.

※ 학교폭력예방 및 대책에 관한 법률 제12조 제2항 참조

**심의**
심사하고 토의하는 일을 말해요.

**재량**
자기의 생각과 판단에 따라 일을 처리하는 것을 말해요.

학교폭력대책심의위원회는 어떤 경우에 열릴까요? 학교에서 사건이 발생한 뒤 사안 조사를 했는데 학교폭력으로 확인되었다면, 학교는 피해 정도와 화해 가능성을 판단하게 됩니다. 피해가 심하지 않거나 화해와 조정이 가능할 경우, 교장 선생님의 재량으로 학교 안에서 문제를 해결할 수 있어요. 하지만 학교 안에서 자체적으로 해결이 어렵다고 판단되면, 교육청에 학교폭력대책심의위원회의 개최를 요청하게 됩니다. 학폭위는 전담 경찰관, 변호사 등 학교폭력 사건을 전문적으로 처리할 수 있는 위원들로 구성되어 있습니다.

그렇다면 학폭위는 구체적으로 어떤 일을 할까요?

먼저, 학교폭력 신고가 들어오면, 학교에 '전담조사관'이 와서

사안 조사를 실시해요. 학폭위는 전담조사관이 조사한 자료를 바탕으로 가해 학생에게는 선도와 교육 조치를, 피해 학생에게는 보호 조치를 결정합니다.

심의를 할 때는 피해 학생과 가해 학생, 그리고 각 학생의 보호자가 학폭위에 출석해 진술하는 것이 일반적입니다. 만약 피해 학생이 많이 다쳤거나 특별한 사정으로 참석할 수 없는 경우, 전화나 화상, 서면으로 의견을 받을 수도 있어요. 학폭위는 모든 학생과 보호자의 의견을 신중히 들은 뒤 최종 결정을 내리게 됩니다.

학폭위는 가해 학생에 대한 조치만 내리는 것이 아니라, 피해 학생을 보호하기 위해서도 노력합니다. 피해 학생이 안전하게 학교생활을 할 수 있도록 필요한 조치를 내리는데, 예를 들어 가해 학생과의 분리, 심리 상담 지원 등을 제공합니다. 또, 피해 학생이 학습 환경에 잘 적응할 수 있도록 전문가의 심리 상담 및 조언, 일시 보호, 치료 및 요양, 학급 교체 같은 지원을 요청할 수도 있답니다.

### 사과와 재발 방지 약속이 중요해요

그날 오후, 심술이는 한결 가벼워진 마음으로 학원에 갔어요. 그런데 현상이와 다툴 때 옆에 있었던 다율이가 다가와 머뭇거리며 말을 걸었어요.

"박심술, 엊그제 미안했다."

다율이의 갑작스러운 사과에 심술이는 뭐라고 대답해야 할지 몰라 가만히 있었습니다.

"현상이가 널 밀치는 걸 보고도 말리기는커녕, 오히려 너한테 뭐라고 한 게 계속 마음에 걸렸어."

다율이는 진심으로 미안했는지 떨리는 목소리로 말한 뒤, 자기 자리로 돌아갔어요. 심술이는 다율이의 갑작스러운 사과에 조금 당황했어요. 그리고 자신이 다율이의 사과를 제대로 받아들인 것인지조차 헷갈렸지요.

다음 날, 심술이는 학교 친구들에게 학원에서 있었던 일을 이야기했어요. 이야기를 듣던 이랑이가 심술이에게 물었습니다.

"네 마음은 어때? 사과를 받아줄 준비가 됐어?"

심술이는 잠시 생각에 잠기더니 대답했어요.

"사실 다율이한테도 조금 서운한 마음이 있었는데, 나한테 먼저 사과를 하니까 마음이 훨씬 나아진 것 같아. 너한테 말하고 나니까 더 용서가 되는 것 같기도 하고······."

그 순간, 닫혔던 심술이의 마음이 조금씩 열리기 시작했어요.

## 읽을 거리 SNS에서 저격을 당했습니다

학교폭력 상담소에 도착한 사연을 함께 살펴보겠습니다.

> 제가 원래 같이 다니던 친구 무리가 있었는데, 어느 날부터 거기서 저만 소외되는 느낌이 들기 시작했어요. 그런데 몇 주 전부터는 그 친구들이 저를 빼고 모두 인별그램 스토리에 누가 봐도 저를 저격하는 것 같은 말을 차례대로 올리며 조롱하기 시작했어요. 이 일 때문에 저는 학교생활이 너무 힘들고 괴로워졌어요. 이런 상황도 학교폭력으로 신고할 수 있을까요?

위 사연은 사이버폭력에 해당하는 학교폭력이라고 볼 수 있습니다. 〈학교폭력예방 및 대책에 관한 법률〉 제2조에 따르면, 사이버폭력이란 정보통신망을 이용하여 학생을 대상으로 발생한 따돌림이나 신체, 정신, 재산상의 피해를 입히는 행위를 말합니다. 특정인을 겨냥한 저격글을 올리는 행위는 대표적인 사이버폭력에 해당합니다.

사이버폭력의 피해자는 심각한 정신적 고통을 겪으며, 사회적 관계에서도 큰 어려움을 겪게 됩니다. 사이버폭력을 예방하기 위해서는 개인의 노력뿐만 아니라 사회 전반적인 관심과 노력이 필요합니다. 만약 사이버폭력의 피해자가 되었다면, 즉각적으로 상황을 주변에 알리고, 필요하다면 전문가의 도움을 받아야 합니다.

## 도전, 행운의 뽑기! 하지만 그 결과는?

모둠별로 진행되는 즐거운 수업 시간 중이었어요. 아이들은 모두 무척 신나 있었지요. 이날은 수업에서 배운 내용으로 게임을 했는데, 아이들은 이런 활동을 늘 좋아했어요. 한참 즐겁게 참여하던 심술이가 선생님께 질문했어요.

"선생님, 게임에서 이기면 뭐 주실 거예요?"

선생님은 심술이의 이런 질문이 익숙하다는 듯이 웃으며 대답했어요.

"게임을 즐기는 것 자체가 상품이지. 꼭 무언가를 걸고 해야 재밌는 건 아니야."

심술이는 실망스러운 표정을 지으며 마음속으로 생각했어요.

'게임에 상품을 걸어야 훨씬 더 재미있는데……'

쉬는 시간이 되자, 평등이가 심술이에게 말을 걸었어요.

"심술아, 너 내기나 뽑기 같은 걸 유독 좋아하는 것 같던데, 요 앞 사거리에 새로 생긴 '행운의 뽑기' 들어 봤어?"

"행운의 뽑기? 그게 뭐야?"

아니나 다를까, 심술이는 큰 관심을 보였지요. 평등이는 그럴 줄 알았다는 듯이 웃으며 친절하게 설명해 주었어요.

"간단해. 2,000원을 걸고 뽑기를 하면 상품을 받을 수 있대. 어떤 애는 스마트워치도 뽑았다더라!"

가만히 듣고 있던 이랑이가 놀란 표정으로 물었어요.

"겨우 2,000원으로 스마트워치를? 그게 진짜 가능해?"

평등이는 고개를 끄덕이며 덧붙였어요.

"수업 끝나고 같이 가볼까? 누가 더 좋은 걸 뽑는지 내기하자. 가장 좋은 물건을 뽑는 사람이 한턱 쏘는 거야."

심술이가 반짝이는 눈빛으로 맞장구쳤어요.

"좋은 생각이야. 아까 게임할 때 상품이 없어서 아쉬웠는데……. 그 아쉬움을 행운의 뽑기로 풀어야겠어."

하지만 이랑이는 걱정스러운 표정으로 두 친구를 바라봤어요.

"얘들아, 스마트워치는 어쩌다 운이 좋아서 당첨된 거지, 그게

그렇게 쉬운 게 아닐 텐데…….”

이미 행운의 뽑기에 마음을 빼앗긴 심술이는 이랑이의 말이 귀에 들어오지 않았지요.

"에이, 그냥 재미로 해 보는 거지, 뭐. 혹시 알아? 진짜 좋은 걸 뽑을 수도 있잖아!"

"좋아, 그럼 우리 셋이서 해 보자!"

평등이와 심술이는 이미 스마트워치를 뽑은 양 기대감에 부풀어 있었고, 이랑이는 여전히 걱정스러운 표정이었어요.

"너희 2,000원을 뽑기에 사용하면 간식을 못 먹는데, 괜찮아?"

"이랑아, 인생은 도박이야! 간식 못 먹어도 도전!"

'이 녀석들 봐라……. 진짜 도박이 뭔지나 알고 그런 소리를 하는 거니? 안 되겠다. 도박죄에 대해 알려 줘야겠어! 리걸 마인드!'

### 이랑이가 알려 주는 도박죄

▶ **도박죄**: 도박을 한 사람은 1,000만 원 이하의 벌금을 내야 합니다. 이때, 일시적인 오락 정도는 예외입니다. 그리고 상습적으로 도박죄를 범한 사람은 3년 이하의 징역 또는 2,000만 원 이하의 벌금을 내야 합니다.

※ 형법 제246조(도박, 상습도박) 참조

도박은 돈이나 물건을 걸고, 우연에 따라 돈이나 물건을 얻기도, 잃기도 하는 것을 말해요. 도박으로 인정되려면 세 가지 조건이 필요해요. 첫째, 돈이나 물건을 걸어야 하고 둘째, 결과가 우연에 의해 결정되어야 하며 셋째, 그 결과로 돈이나 상품을 따거나 잃을 가능성이 있어야 합니다.

도박이 위험한 이유는 처음에는 재미로 시작했더라도, 돈을 잃게 되면서도 '이번에는 이길 수 있을 거야.'라고 생각하며 계속해서 돈을 거는 경우가 많기 때문이에요. 이런 행동이 반복되다 보면 점점 더 많은 돈을 잃게 되고, 결국 도박에 중독되어 벗어나기 어려워질 수 있습니다.

도박죄는 사람들이 도박에 빠져 정상적인 생활을 못 하게 되는 것을 막기 위해 만들어진 법이에요. 도박죄는 반드시 내기에 이겨서 재물을 얻어야만 처벌받는 것이 아닙니다. 단순히 도박을 시작하는 것만으로도 처벌받을 수 있지요.

하지만 모든 내기가 도박이 되는 것은 아니랍니다. 친구들끼리 정말 적은 돈을 걸고 한두 번 내기를 한 경우는 도박이라고 보지 않아요. 다만 소득에 비해 너무 큰 돈을 걸거나, 작은 돈을 걸더라도 너무 반복적으로 내기를 하면 이를 도박으로 보고 처벌할 수 있어요.

그렇다면 어른들이 돈을 걸고 고스톱을 치거나 당구를 치는 것도 도박일까요? 가족끼리 고스톱을 치거나 친구들과 당구를 치는 것 역시 원칙적으로는 도박에 해당할 수 있습니다. 하지만 단순히 즐기기 위한 일시적인 오락이라면 처벌받지 않습니다.

## 행운의 뽑기가 가져온 불행

'딩동댕동.'

수업 종료음이 울리고, 선생님의 안내 말씀이 끝나자마자 심술이와 평등이는 사거리에 있는 행운의 뽑기로 향했습니다. 걱정이 깊어진 이랑이도 뒤따라갔지요. 가게에 도착해 보니 입구에는 다양한 상품의 사진이 붙어 있었는데, 그중에는 평등이가 말한 스마트워치도 있었어요.

평등이가 먼저 2,000원을 넣고 뽑기 기계의 손잡이를 돌렸습니다.

"이게 뭐야······."

결과는 작은 스티커 한 장. 평등이는 실망한 표정을 지었지요. 그런 평등이를 본 심술이는 자신감에 찬 목소리로 말했어요.

"평등아, 너무 실망하지 마. 내가 좋은 상품을 뽑을 테니!"

심술이도 2,000원을 넣고 뽑기 손잡이를 돌렸어요. 심술이의 심장은 두근거렸습니다.

'도르르…….'

상품이 나오는 곳으로 굴러 나온 것은 열쇠고리였어요.

"우와, 열쇠고리다! 이 정도면 2,000원이 아깝지 않은데?"

심술이는 상품이 마음에 들었는지 신이 나서 외쳤습니다.

"오늘 나에게 행운이 오려나 봐! 이번에는 스마트워치 나와라!"

심술이는 다시 2,000원을 꺼내 뽑기 기계에 넣었어요. 그리고 힘차게 손잡이를 돌렸습니다.

'도르르…….'

두 번째 상품이 굴러 나왔습니다.

"와! 대박이다!"

이번에는 요즘 초등학생들에게 인기가 많은 캐릭터 피규어가 나왔어요. 심술이는 더욱 흥분한 표정으로 상품을 가방에 넣었지요. 그러나 남은 용돈이 없어 아쉬운 마음으로 행운의 뽑기를 마무리해야 했습니다.

***

진짜 문제는 그 이후부터 생겨나기 시작했어요. 학원 공부를 마치고 집에 가서도, 심술이의 머릿속은 온통 행운의 뽑기 생각뿐이었지요.

'한 번만 더 했다면 스마트워치가 나오지 않았을까?'

심술이는 이런 생각 때문에 잠까지 설칠 정도였어요. 그리고 그날 이후, 심술이는 기회가 될 때마다 행운의 뽑기 기계를 찾았어요. 그러나 하면 할수록 기대했던 상품 대신 흔하디흔한 지우개나 쓸모없는 스티커들만 나왔지요.

'분명히 다음에는 더 좋은 게 나올 거야.'

심술이는 뽑기를 하면 할수록 다음 판에는 더 좋은 상품이 나올 거라는 기대에 사로잡혔어요. 하지만 며칠이 지나도 스마트워치는 나오지 않았고, 심술이의 지갑은 점점 얇아지고 있었어요.

그러던 어느 날, 심술이는 다음 날 준비물을 사기 위해 들른 학교 앞 문구점에서 조심스럽게

이랑이에게 부탁했어요.

"이랑아, 돈 좀 빌려줄 수 있어? 이번 달 용돈을 다 써 버려서 준비물을 살 돈이 없어."

이랑이는 심술이의 부탁을 듣고 지갑에서 1,000원짜리 두 장을 꺼내 심술이에게 건넸어요.

"고마워!"

심술이는 이랑이에게 받은 돈을 주머니에 넣었지요. 이랑이는 심술이가 조금 신경 쓰였지만 별다른 생각 없이 넘어갔어요.

그런데 문구점을 나선 뒤 집으로 향하던 길, 심술이가 갑자기 행운의 뽑기 기계 앞으로 달려가는 것이 아니겠어요? 놀란 이랑이는 심술이를 쫓아가 물었어요.

"심술아, 너 설마 내가 빌려준 돈으로 뽑기를 하려는 거야?"

이랑이는 순간 화가 치밀어 올랐고, 심술이는 변명을 늘어놓기 시작했어요.

"사실 나……. 지난번에 행운의 뽑기를 시작한 후 용돈을 다 써 버렸어. 그런데 아직 스마트워치를 못 얻었거든. 쓸데없는 상품들만 나오고……. 나 이번 한 번만 더 할게. 진짜로, 약속할게!"

이랑이는 입술을 꽉 깨물며 겨우 화를 참았어요. 생각보다 심각한 심술이의 상황을 보고, 지금은 조심스럽게 대응해야겠다고 결심했지요.

'어릴수록 도박의 유혹에 빠지기 쉬워. 오히려 잘됐어. 이 기회에 확실히 경고하고 넘어가야지. 리걸 마인드!'

### 이랑이가 알려 주는 도박 중독

▶ **도박 중독**: 도박에 대한 의존도가 높아져서 스스로 도박을 끊지 못하게 되는 것을 뜻합니다. 도박 중독은 개인은 물론, 가족, 사회적 역할, 그리고 직업 활동 등 모든 활동에서 심각한 문제를 불러옵니다.

심술이가 푹 빠져 있는 뽑기도 경우에 따라서는 도박이 될 수 있어요. 뽑기나 랜덤 박스(확률형 아이템) 같은 것들은 돈을 지불하고 무작위로 상품이나 아이템을 얻는 방식인데, 원하는 것을 얻기 위해 계속 시도하다 보면 많은 비용을 사용하게 될 가능성이 크기 때문이지요. 처음에는 작은 돈으로 시작하지만, 원하는 결과가 나오지 않으면 계속 시도하게 되고, 결국 돈을 낭비하게 되는 경우가 많습니다.

게다가, 뽑기는 결과가 예측 불가능하기 때문에 그 짜릿함에 중독될 수 있어요. 또한, 친구들과 게임을 할 때 재미로 돈이나 물건을 걸고 시작했다가, 자꾸 지게 되면 '이번에는 이길 수 있을 거야.'라는 생각에 멈추지 못하는 경우가 생길 수 있습니다. 이런 상황이 반복되면 단순히 돈을 잃는 것을 넘어, 마음이 불안해지고 상황을 통제할 수 없다는 생각에 충동적으로 화를 표출하게 될 수 있지요. 이런 상태가 바로 중독의 시작이라고 볼 수 있습니다.

도박 중독에 빠지면 단순히 돈을 잃는 문제에서 끝나지 않습니다. 돈을 빌리고 갚지 않으면서 친구나 가족과의 관계도 나빠질 수 있고, 도박에 지나치게 집중하다 보면 공부나 취미 등 다른 중요한 일들을 소홀히 하게 됩니다. 실제로 도박으로 인해 가정 파탄, 약물 남용, 정신질환 등 다양한 문제가 발생하여 치료를 받는 사람들이 많답니다.

이러한 문제를 예방하려면, 도박과 비슷한 형태의 게임이나 놀이에 대한 접근을 차단하려는 노력이 필요합니다. 작은 시작도 결국 큰 문제로 이어질 수 있으니, 처음부터 주의를 기울이는 것이 중요하겠지요?

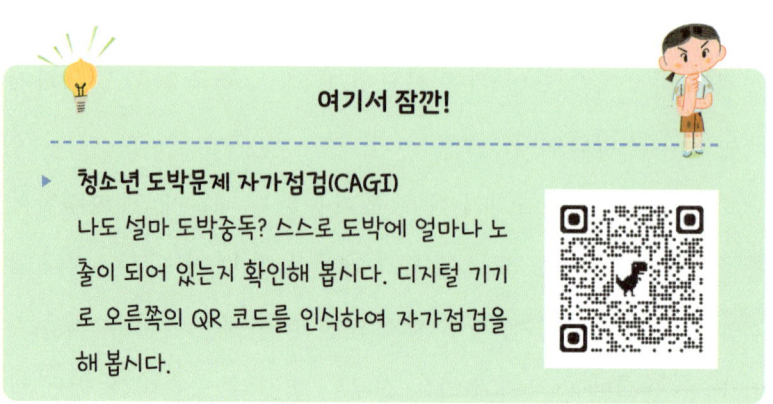

**여기서 잠깐!**

▶ **청소년 도박문제 자가점검(CAGI)**
나도 설마 도박중독? 스스로 도박에 얼마나 노출이 되어 있는지 확인해 봅시다. 디지털 기기로 오른쪽의 QR 코드를 인식하여 자가점검을 해 봅시다.

## 세상에 공짜는 없는 거야

"내가 중독이 되었을 수도 있다는 이야기잖아……."

이랑이의 충고를 들은 심술이는 마치 머리를 세게 한 대 맞은 것처럼 멍하니 하늘만 쳐다보고 있었어요.

'내가 너무 심각하게 이야기했나? 중독이라는 말까지는 하지 말 걸 그랬어…….'

심술이가 적잖이 충격을 받은 듯한 모습을 보며, 이랑이는 걱정스러웠습니다. 그래도 이 기회에 확실하게 알려 줄 필요가 있다고 생각했지요.

다행히 그날 이후로 심술이는 다시는 행운의 뽑기에 돈을 쓰지 않았습니다.

"돈을 걸고 행운을 기대하는 건 어리석은 짓이야. 세상에 공짜는 없는 법이지……."

친구들 앞에서 마치 큰 깨달음을 얻은 사람처럼 말하는 심술이를 보고, 이랑이는 웃음을 참느라 혼났습니다.

'그 다짐, 앞으로도 계속 지키길 바란다. 진심으로!'

 ## 게임일까, 도박일까?

우리가 주변에서 쉽게 접할 수 있는 게임 중 행운을 바라며 금액을 지불하는 형태의 게임을 흔히 볼 수 있습니다. 다음 <보기>에 제시된 놀이가 게임인지 도박인지 생각해 보고, 만약 도박이라고 생각된다면 이유를 함께 생각해 봅시다.

<보기>
· 야구 · 화투 · 슬롯머신 · 림보게임
· 술래잡기 · 퍼즐게임 · 공기놀이 · 행운복권
· 사탕 걸고 사다리타기 · 인형뽑기

도박이라고 생각하는 것 :

이유:


도박이라고 생각하는 것 :

이유:

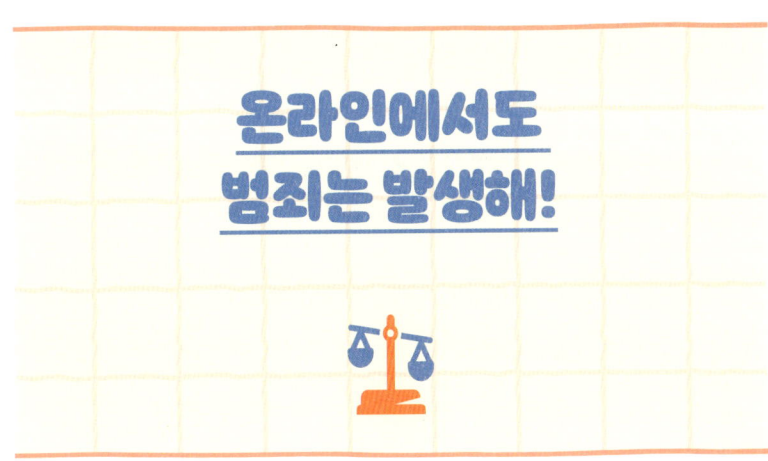

## AI의 얼굴을 빌린 범죄

　날씨가 점점 더워지는 어느 날의 즐거운 점심시간이었어요. 여느 때와 마찬가지로 평등, 정의, 심술, 이랑이는 함께 모여 즐겁게 수다를 떨고 있었지요. 그러다 정의가 무언가 생각난 듯 친구들에게 물었어요.
　"너희들 혹시, 요즘 유튜브에서 유명한 그 영상 봤어?"
　"어떤 영상?"
　궁금해진 나머지 친구들이 물었습니다.
　"일론 머스크가 우리 동네 전통시장에서 떡볶이 먹는 영상!"
　정의도 매우 신기하다는 표정으로 대답했어요.

"에이, 거짓말!"

그러나 친구들 모두 믿지 않는다는 반응이었지요.

"아니야, 정말이야. 영상에 진짜 일론 머스크랑 똑같이 생긴 사람이 떡볶이를 먹는 장면이 나온다고……."

정의는 자신을 믿지 않는 친구들이 답답했는지 선생님께 허락을 받고 디지털 기기를 켜서 친구들에게 영상을 보여주었어요.

"아, 이거 그거잖아. 딥페이크."

영상을 보자마자 이랑이가 말했어요.

"딥페이크? 그게 뭐야?"

다른 친구들도 처음 듣는 표정으로 이랑이를 쳐다보았어요.

"인공지능 기술인데, 실제 사람 얼굴을 편집해서 원래 있던 비디오에 합성하는 거야. 진짜처럼 보이게."

심술이가 엄청난 관심을 보이며 물었어요.

"와, 대박이다! 어떻게 하는 거야?"

"나도 정확히는 모르지만, 요즘은 기술이 발전해서 간편한 앱으로도

쉽게 만들 수 있다는데?"

 이랑이가 그냥 적당히만 설명하고 넘어가려 할 때, 때마침 종이 치고 다시 수업이 시작되었습니다. 하지만 심술이의 머릿속에는 방금 본 영상에 대한 궁금증만 가득했지요. 그리고 무언가 떠오른 듯 심술이는 수업이 끝나기만을 기다리기 시작했습니다.

***

 다음 날, 아이들은 벌써 신이 나 있었어요. 학교가 끝나면 놀이터에 모여서 놀기로 했기 때문이지요. 학교가 끝나자마자 아이들은 놀이터로 달려갔습니다. 심술이가 즐거운 표정으로 스마트폰을 꺼내 들었어요.

 "이거 봐, 애들아! 평등이 얼굴이랑 요즘 유행하는 춤 챌린지 영상 합성에 성공했어!"

 평등이와 정의는 영상을 보고 신기하다며 웃었어요.

 "이거 진짜 내가 춤추는 것 같은데? 진짜 신기하다."

 "이거 우리만 보기는 너무 아까운데? 우리 반 다른 친구들한테도 보내도 돼?"

 심술이가 평등이에게 물었어요. 순진한 평등이는 흔쾌히 동의했어요.

 "그래! 같이 웃으면 좋지."

 그렇게 친구들 모두 즐거운 시간을 보내고 각자의 집으로 돌아갔습니다. 그런데 집에서 한참 숙제에 집중하고 있던 평등이에게 친구들이 메시지를 보내기 시작했어요.

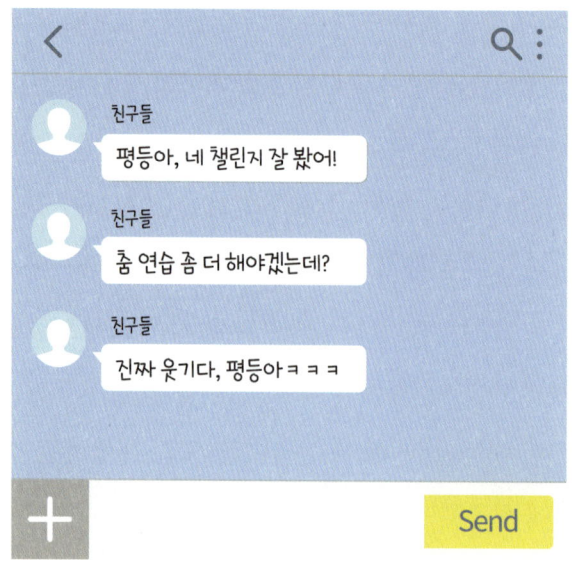

평등이가 직접 춤을 춰서 영상을 찍었다고 생각하는 친구들이 대부분이었어요. 처음에는 평등이도 이런 친구들의 반응이 재미있었지만, 조롱과 장난이 섞인 메시지들이 계속되자 평등이는 조금씩 마음이 불편해졌어요. 분명 아까 심술이에게 영상을 다른 친구들에게 공유해도 된다고 말한 건 자신이었는데 말이지요. 그래서 평등이는 심술이에게 메시지를 보냈어요.

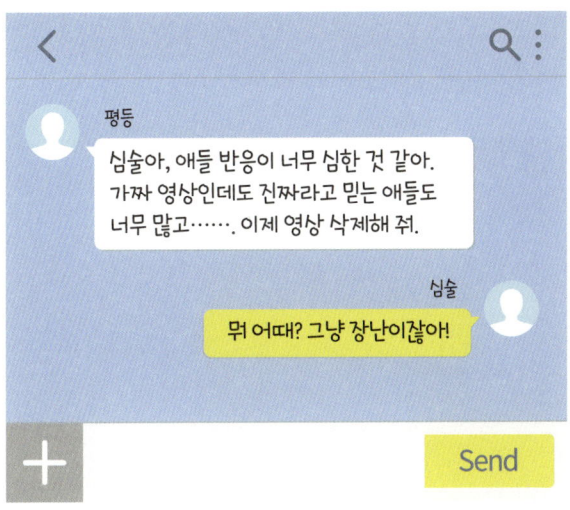

***

같은 날 저녁, 심술이는 뉴스를 보며 가족들과 저녁 식사를 하고 있었어요. 뉴스에는 어딘가 익숙한 내용이 나오고 있었어요.

'딥페이크 성범죄가 심각합니다. 같은 학교 학생들의 얼굴을 딥페이크 기술로 합성하여 음란물을 만들어 유포한 고등학생이 경찰에 붙잡혔습니다.'

뉴스를 보자 심술이는 순간 자신이 앱으로 만들었던 합성 영상이 떠올랐습니다.

"와, 정말 심각하네. 저런 나쁜 짓 하는 사람들은 엄하게 처벌해야 돼!"

심술이 아빠가 화를 내며 혼잣말을 했어요. 이 말을 들으니 심술이는 신경이 쓰여 밥이 잘 넘어가지 않았지요. 혹시나 자기가 만든 합성 영상 때문에 자기도 처벌을 받는 것은 아닌지 겁이 나기 시작했기 때문이에요.

입으로 들어가는지 코로 들어가는지 모르는 식사를 마치고 방으로 돌아온 심술이는 오늘 놀이터에서 있었던 일을 이랑이에게 문자로 보냈습니다.

이랑이의 반응에 심술이는 덜컥 겁이 났어요.

'박심술, 그 영상으로 처벌은 받지 않을 거야. 하지만, 내 말을 잘 들어 봐! 리걸 마인드!'

### 이랑이가 알려 주는 딥페이크와 허위 영상물

- **딥페이크(deepfake):** 딥 러닝(deep learning)과 가짜(fake)의 합성어로, 인공지능 기술을 활용한 인간 이미지 합성 기술입니다. 사진이나 영상을 다른 사진이나 영상에 겹쳐서 새로운 콘텐츠를 만들어 낼 수 있습니다.
- **허위 영상물 반포죄:** 대상자가 원치 않음에도, 사람의 얼굴·신체 또는 음성을 성적 욕망 또는 수치심을 유발할 수 있는 형태로 편집, 합성, 가공한 경우 5년 이하의 징역 또는 5,000만 원 이하의 벌금에 처합니다.

※ 성폭력처벌법 제14조의2(허위 영상물 등의 반포) 관련 참조

\*\*\*

딥페이크 기술은 딥러닝을 사용하여 사람의 얼굴, 목소리, 행동 등을 실제처럼 조작할 수 있는 기술입니다. 이 기술은 처음에는 영화나 예술 분야에서 신기술로 주목받았지만, 시간이 지나면서 딥페이크가 범죄에 악용되기 시작하며 큰 문제가 되고 있어요. 딥페이크를 이용한 사이버 범죄는 점점 더 정교해지고 있어요. 이로 인해 사람들의 사생활과 명예가 위험해질 뿐만 아니라

사회적으로도 큰 피해가 발생하고 있답니다.

그렇다면 딥페이크 기술은 나쁜 기술일까요? 항상 그렇지는 않아요. 딥페이크는 그 자체로는 나쁜 기술이 아니에요. 딥페이크는 영화에서 배우의 얼굴을 합성하거나 교육과 의료 분야에서 도움을 줄 수도 있는 기술이에요. 하지만 나쁜 의도로 사용하면 위험한 범죄로 이어질 수 있어요.

딥페이크로 인해 가장 심각한 범죄는 딥페이크로 만든 음란물에 관한 범죄예요. 이런 범죄는 다른 사람의 얼굴을 음란물 영상에 합성해서 퍼뜨리는 형태로 발생해요. 이런 영상은 거짓말로 만들어졌지만 인터넷에서 아주 빨리 퍼져요. 한번 퍼진 영상을 없애는 것은 거의 불가능하기 때문에 피해를 돌이키기가 정말 어려워요. 이런 영상을 만들거나 퍼뜨린 사람은 성폭력처벌법 제14조의 2에 따라 무거운 처벌을 받을 수 있어요.

## 디지털 낚시: 메신저 피싱을 조심하라

이랑이의 자세한 설명을 듣고 심술이는 딥페이크라는 기술이 참 재밌고 신기하지만, 잘못 사용하면 부정적인 결과를 낳을 수 있다는 것을 깨달았어요.

'큰일 날 뻔했네, 정말. 빨리 평등이한테 사과해야지.'

이랑이가 알려 준 대로 대처한 심술이는 그제야 마음이 좀 놓였는지 다시 거실로 나갔습니다. 그때 심술이 엄마의 스마트폰에 알람이 울렸어요. 스마트폰을 확인한 엄마는 깜짝 놀란 표정을 지었습니다.

"왜 그래요, 엄마? 무슨 일이에요?"

엄마는 스마트폰 화면을 심술이와 아빠에게 보여주었어요. 화면에는 심술이가 엄마에게 보낸 것처럼 보이는 메시지가 있었습니다.

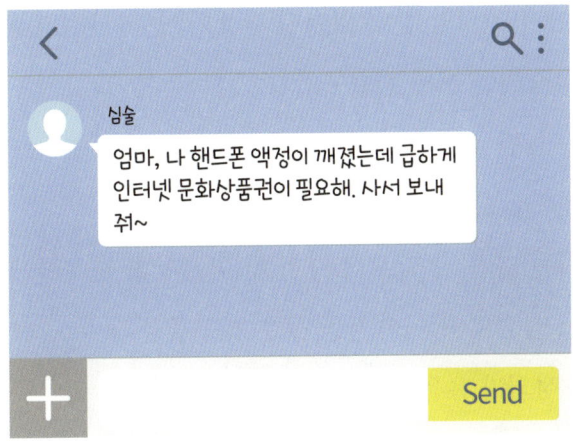

누가 봐도 심술이가 보낸 것 같은 메시지였어요. 프로필 사진도 심술이의 사진과 똑같았지요.

"어? 나는 이런 메시지 보낸 적이 없는데?"

심술이가 당황한 얼굴로 말했어요.

"이거 요즘 유행하는 메신저 피싱이네!"

영문을 몰라 당황하던 엄마와 심술이에게 아빠가 말했습니다.

"메신저 피싱이 뭐예요? 보이스 피싱은 많이 들어 봤는데…"

심술이가 궁금한 표정으로 아빠에게 물었어요.

"보이스 피싱을 메신저로 비슷하게 하는 거야. 요즘에는 어디서 알았는지 메신저 프로필 사진까지 똑같이 만들어서 사람들을 속인다고 하더라고. 말투도 비슷하게 바꾸고!"

아빠는 화가 난 목소리로 설명했습니다.

"심술이가 우리랑 같이 있어서 다행이지, 하마터면 이 메시지를 보고 상품권을 보낼 뻔했어!"

엄마는 놀란 가슴을 쓸어내리며 말했어요.

\*\*\*

심술이는 다음 날 학교에 가서 이 이야기를 친구들에게 해 주었습니다. 심술이의 이야기를 들은 친구들은 모두 놀랐지만, 그중에서도 정의가 유독 흥분하며 말했습니다.

"와, 대박! 이제는 메신저로도 피싱을 하는구나! 예전에 우리 이모가 보이스 피싱을 당해서 꽤 많은 돈을 잃었었거든."

평등이도 거들며 말했어요.

"그 사기꾼이 프로필 사진을 너랑 똑같이 만들었다는 것도 정말 소름 돋아. 만약 그 메시지가 온 시간에 네가 집에 없었다면, 어머니가 상품권을 보냈을 수도 있는 거잖아! 이런 사기꾼들 몽땅 잡아서 처벌할 방법이 없을까?"

이랑이가 이 기회를 놓칠 리가 없었지요.

'당연히 있지, 있고말고! 리걸 마인드!'

### 이랑이가 알려 주는 사기죄

▶ **사기죄** : 다른 사람을 속여 재물을 받거나 재산상 이득을 취득한 사람은 10년 이하의 징역 또는 2,000만 원 이하의 벌금에 처합니다.

※ 형법 제347조 참조

피싱(Phishing)은 '개인정보(Private data)를 낚는다(Fishing)'는 의미에서 유래된 용어입니다. 전화, 문자, 메신저, 가짜 사이트 등 다양한 전기통신 수단을 이용해 피해자를 속이고 피해자의 재산을 얻는 사기 수법을 말해요. 피싱 사기는 전화와 메신저뿐만 아니라, SNS, 모바일, 그리고 PC 기반의 새로운 인터넷 서비스에서도 자주 발생한답니다.

메신저 피싱은 최근 흔하게 발생하는 사기 수법 중 하나로, 사람들이 자주 사용하는 메신저 앱을 이용해 개인정보를 빼앗거나 돈을 얻으려는 것을 목적으로 합니다.

대표적인 메신저 피싱 수법으로는 지인 사칭이 있습니다. 사칭은 이름, 직업, 나이, 주소 등을 거짓으로 속이는 것을 말합니다. 피싱 가해자는 피해자의 친구나 가족인 것처럼 행동하며, "급하게 돈이 필요해." 혹은 "휴대폰이 고장 나서 이 번호로 돈을 보내줘." 같은 식의 메시지를 보냅니다.

이외에도 기관 사칭 방식이 있는데, 은행이나 공공기관을 사칭해 '계정에 문제가 발생했다.'라며 피해자가 링크를 클릭하거나 개인정보를 입력하게 만드는 방식이에요. 또한, 이벤트 당첨 방식을 통해 가짜 당첨 사실을 알리고 개인정보를 입력하거나 비용을 결제하도록 유도하는 경우도 많이 발생하고 있답니다.

그렇다면 이러한 피싱을 당했을 때 어떻게 대처해야 할까요?

만약 피싱 사기로 인해 돈을 송금했다면, 송금 은행 및 입금 은행의 대표번호나 경찰(112)에 즉시 신고하여 돈이 빠져나가지 않도록 지급 정지를 신청해야 합니다.

메신저 피싱은 누구나 피해자가 될 수 있는 교묘한 사기 수법입니다. 이를 예방하기 위해서는 낯선 메시지나 링크를 주의 깊게 살피고, 의심스러운 경우 반드시 상대방에게 직접 연락해 사실 여부를 확인해야 합니다.

## 레벨업만 중요한 게 아니야

　피싱 소동이 잊혀져 갈 무렵, 게임을 좋아하는 심술이와 정의는 PC방에서 새롭게 출시된 온라인 게임을 함께 즐기고 있었어요. 이랑이는 아이들끼리 PC방에 간다는 것이 걱정돼서 못 이기는 척 따라온 상황이었지요. 심술이와 정의는 게임 실력이 꽤 좋아서 여러 라운드를 연달아 이겼습니다.

　그런데 어느 순간, 채팅창에 욕설이 올라오기 시작했어요. 상대 팀에 있던 한 유저가 게임에서 진 것이 분해서인지, 게임 채팅창에 욕을 하기 시작한 거예요. 이 채팅창은 모든 게임 유저들이 볼 수 있는 창이었어요.

　"야! 이기니까 잘하는 줄 착각하냐? 운발이야, 너희들! 잼민이 같은데, 이제 게임 그만하고 집에나 가라!"

　처음에 심술이와 정의는 채팅창의 말들을 그냥 무시하려고 했어요. 하지만 그 유저의 말은 점점 더 심해졌고, 급기야 심각한 욕설까지 퍼붓기 시작했어요. 심술이와 정의는 이런 상황이 잘못되었다고 느꼈습니다.

　심술이는 이에 맞서 나쁜 욕설을 하려고 키보드에 손을 올렸어요.

　"얘들아, 걱정 마. 내가 반격해 줄게. 이 게임에 접속한 걸 후회하게 해 주마!"

"잠깐, 심술아. 만약 우리가 여기서 같이 나쁜 말을 하면 우리도 똑같은 사람이 되는 거야. 진정하고, 그냥 신고해 버리자."

정의가 흥분을 참지 못하는 심술이를 겨우 설득했어요.

"신고? 어떻게 신고해?"

심술이와 정의는 도움을 바라는 눈빛으로 이랑이를 바라보았지요.

"우선 스크린샷을 해."

정의는 이랑이의 말대로 욕설이 담긴 게임 화면을 스크린샷으로 저장했습니다.

"자, 이제 신고 버튼을 찾아보자. 신고를 누르고 스크린샷 한 사진을 첨부해."

이랑이는 차분히 설명을 이어갔습니다.

이랑이 말대로 신고를 하자, 아까 그 유저가 채팅창에 올린 말들이 뿌옇게 처리되면서 보이지 않기 시작했습니다. 이것만으로도 심술이와 정의는 기분이 한결 나아졌어요.

\*\*\*

며칠 뒤, 정의와 심술이는 게임 운영팀으로부터 하나의 메시지를 받았습니다. 지난번 욕설을 했던 유저가 다른 플레이어들도 모욕한 사실이 확인되어 계정이 일정 기간 정지되었다는 내용이었어요.

"쌤통이다!"

정의가 웃으며 말했어요. 하지만 심술이의 표정은 사뭇 진지했습니다.

"온라인 게임에서도 남에게 나쁜 말을 하면 이렇게 될 수 있구나! 나도 앞으로 더 조심해야겠어."

이 일을 통해 심술이와 정의는 게임 속에서의 행동도 현실과 마찬가지로 중요하다는 것을 알게 되었어요. 게임이든 현실이든 서로를 존중하는 마음이 중요하며, 상대방을 모욕하거나 상처 주는 행동은 절대로 용납되지 않는다는 것을 깨달은 거지요.

"그래도 이만하면 좋게 끝난 거야. 온라인이라고 막말하는 사람들에게 현실은 더 가혹하다고!"

이랑이의 말에 심술이가 궁금한 표정으로 물었어요.

"현실은 더 가혹하다니……. 더 심한 처벌도 가능한 거야?"

'가혹한 현실을 알게 되면 앞으로 너희들도 더 조심하겠지? 이제부터 알려 줄게. 리걸 마인드!'

\*\*\*

온라인에서 벌어지는 행위는 현실에서의 모욕죄와 명예훼손죄와 동일하게 다뤄지며, 형법과 정보통신망법에 따라 처벌받을 수 있어요. 게임 중 게임 채팅이나 음성 대화로 상대방에게 욕설이나 비하하는 발언을 했고, 그 내용이 다른 사람들에게 전달되

### 이랑이가 알려 주는 모욕죄와 명예훼손죄

- **모욕죄**: 공개적으로 사람에게 경멸적인 표현을 한 사람은 1년 이하의 징역이나 금고 또는 200만 원 이하의 벌금에 처합니다.
- **명예훼손죄**: 공개적으로 사실을 말하여 사람의 명예를 훼손한 경우 2년 이하의 징역이나 금고 또는 500만 원 이하의 벌금에 처합니다. 또한, 공개적으로 허위 사실을 말하여 사람의 명예를 훼손한 경우 5년 이하의 징역, 또는 1,000만 원 이하의 벌금에 처합니다.

※ 형법 제311조(모욕죄), 형법 제307조(명예훼손죄) 관련

었다면 모욕죄로 처벌될 수 있습니다. 이야기에 나온 유저는 모욕죄에 해당할 가능성이 큽니다.

> **경멸**
> 다른 사람을 깔보고 업신여기는 것을 말해요.

명예훼손은 사실 또는 거짓된 내용을 퍼뜨려 상대방의 명예를 실추시키는 행위입니다. 공개된 채팅창이나 게시판에서 상대의 명예를 떨어뜨리는 발언을 했다면 명예훼손죄로 처벌받을 수 있습니다.

온라인 공간에서 발생하는 명예훼손은 정보통신망법에 따라 더욱 강한 처벌을 받습니다. 정보통신망법 제70조(사이버 명예훼손죄)는 사람을 비방할 목적으로 사실을 드러내 타인의 명예를 훼손하면 3년 이하의 징역 또는 3,000만 원 이하의 벌금에 처한다고 규정하고 있습니다. 거짓된 내용을 드러내 타인의 명예를 훼손하

면 7년 이하의 징역, 또는 5,000만 원 이하의 벌금에 처해질 수 있습니다.

게임에서의 욕설과 명예훼손은 익명성을 이용해 이루어지는 경우가 많습니다. 하지만 채팅 기록이나 음성 대화 기록은 법적 증거로 활용되며, IP 추적을 통해 가해자를 밝혀낼 수 있습니다. 게임 운영사는 욕설이나 비방을 반복하는 유저에게 게임 이용 정지 등의 **제재**를 가할 수도 있답니다.

**제재**
규칙을 어기거나 나쁜 행동을 하면 벌을 주거나 활동을 제한하는 것을 뜻해요.

( 과제활동 ) **사이버 범죄 예방 캠페인**

사이버 범죄 예방을 주제로 캠페인을 기획하고, 포스터를 제작해 봅시다.

**문제 1** 사이버 범죄 중 한 가지를 떠올려 보고, 이를 예방하기 위한 말이나 행동을 생각해 적어 봅시다.

<보기>
- 온라인 게임에서 당한 아이템 사기
- SNS에서 받은 악플이나 비방 댓글
- 친구의 계정을 사칭한 사람이 보낸 메시지

**문제 2** 눈길을 사로잡는 문구를 넣어 캠페인 자료를 제작해 봅시다.

<보기>
- 신뢰할 수 없는 링크는 클릭하지 마세요! 당신의 정보를 보호하세요!
- 스팸 메시지는 삭제하세요! 클릭하면 위험이 따를 수 있습니다.

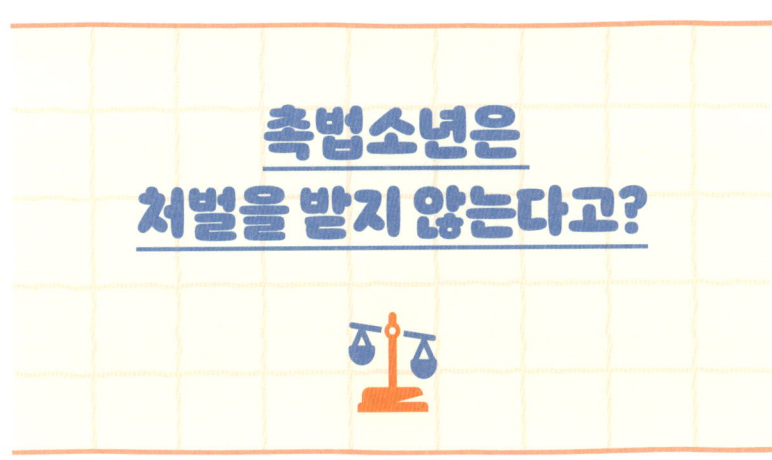

# 촉법소년은 처벌을 받지 않는다고?

## 어느 무더운 날의 실수

무더운 여름날이었어요. 수업을 마친 평등이와 심술이는 시원한 아이스크림이 먹고 싶어 학교 앞 무인 아이스크림 가게에 들렀습니다. 먹고 싶은 아이스크림을 한 개씩 고른 두 친구는 무인 계산대로 갔지만 문제가 생겼어요.

"어? 근데, 우리 두 개 사면 700원이 모자라!"

"그럼, 그냥 가져가자! 나중에 700원 더 계산하면 되지, 뭐. 빨리 먹고 싶단 말이야."

심술이는 그냥 가자며 아이스크림을 들고 가게를 나섰습니다. 평등이는 뭔가 잘못되었다고 느꼈지만, 심술이를 말리지 못했어요. 무더운 날씨 때문인지 평등이도 빨리 아이스크림을 먹고 싶었거든요. 하지만 이 장면이 가게 안에 있던 CCTV에 고스란히 찍히는 것을 아무도 몰랐지요.

며칠 후, 여전히 더운 날 이랑이는 집에 가는 길에 같은 무인 아이스크림 가게에 들렀습니다. 신나게 아이스크림을 고르던 이랑이는 가게 벽면에 붙은 사진에서 익숙한 모습을 발견했어요. 얼굴은 흐릿하게 나왔지만, 아무리 봐도 평등이와 심술이가 분명했지요. 며칠 전, 두 친구가 아이스크림을 가져가는 모습이 담긴 CCTV 촬영 사진이 걸려 있었던 겁니다.

'아니, 이럴 수가. 요 녀석들 또 무슨 짓을 저지른 거야?'

다음 날 아침, 학교에 도착한 이랑이는 평등이와 심술이를 불러 말했어요.

"평등아, 심술아. 무인 아이스크림 가게에 너희들 사진이 걸려 있는 거 알고 있어? 혹시 아이스크림을 몰래 가져갔니?"

CCTV 사진 이야기에 평등이는 깜짝 놀랐습니다. 얼굴이 빨개진 평등이는 기어들어 가는 목소리로 말했어요.

"이랑아, 내가 분명 돈이 모자라다고 말했는데, 심술이가 그냥 가져가자고 했어. 나중에 부족한 돈 더 계산하면 된다고 해서 괜찮을 줄 알았어……."

"나중에 가서 700원 더 계산하려고 했는데 깜빡했네. 설마 700

원 안 냈다고 문제가 되겠어? 그리고 어차피 우리는 촉법소년이라 처벌도 안 받잖아?"

심술이는 별로 놀라는 기색도 없이 대답했습니다. 정말 심술이다운 모습이었지요. 이 모습을 본 이랑이는 깊은 한숨을 내쉬며 말했어요.

"누가 그래? 촉법소년은 처벌받지 않는다고?"

그제야 심술이는 눈이 휘둥그레지며 조금 놀란 표정을 지었어요.

'박심술, 이 녀석 또 어디서 촉법소년이란 말을 주워 들은 거야. 촉법소년에 대한 오해, 내가 또 풀어 줘야겠군! 리걸 마인드!'

### 이랑이가 알려 주는 소년법과 촉법소년

▶ **소년법**: 만 10세에서 만 19세 사이의 청소년이 범죄를 저질렀을 때 적용되는 특별한 법이에요.
▶ **촉법소년**: 범죄를 저지른 만 10세 이상 만 14세 미만의 소년을 말합니다.

※ 소년법 제2조, 제4조 관련 참조

만 10세 이상 19세 미만의 청소년이 범죄를 저질렀을 때는 형사재판이 아닌 소년재판을 받을 수 있습니다. 이 법은 청소년들이 아직 성장하는 과정에 있다고 보고, 성인과 동일하게 처벌하는 게 아니라 다른 방식으로 재판을 받도록 하는 거예요.

그렇다면, 촉법소년은 무엇일까요? '범죄를 저지른 만 10세 이상 만 14세 미만의 형사 미성년자'를 뜻해요. 어른들이 범죄를 저질렀을 때 받는 형벌 대신 자신의 잘못을 뉘우치고, 다시 사회에 잘 적응할 수 있도록 도와주는 '소년보호처분'을 받게 되는 거지요. 다만, 14세 이상의 소년들이 심각한 범죄를 저지르면 성인과 똑같은 형사재판을 받을 수도 있다는 점을 잊지 말아야 합니다.

소년보호처분에는 1호부터 10호가 있어요. 범죄의 정도와 횟수 등에 따라서 다양한 처분을 받을 수 있지요. 법원에서 정해 준 기관에 가서 100시간에 가까운 수업을 들어야 할 수도 있고요, 사회복지시설에 가서 200시간에 가까운 봉사활동을 해야 할 수도 있어요. 또는 1년에서 2년 동안 '보호관찰소'라는 곳에 계속 다니면서, 잘 지내고 있는지 검사를 받아야 할 수도 있지요. 심지어는 6개월 동안 부모님과 떨어져서 기숙학교와 같은 시설에 가게 될 수도 있습니다. 더 심각한 범죄의 경우에는 소년원에 가게 될 수도 있어요. 그러니 심술이처럼 촉법소년이라고 자신의 잘못된 행동을 합리화하다가는 큰일 날 수 있겠죠?

### 함께 있었다면 공범

"나는 우리가 촉법소년이라서 아무 문제가 없을 줄 알았어. 우리 사진이 가게에 걸려 있다니, 이거 큰일인데, 어떡하지?"

심술이는 이제야 심각성을 깨달은 듯 걱정스러운 목소리로 물었어요. 그러자 평등이가 불안한 표정으로 말했어요.

"이랑아, 그런데 나는 아이스크림을 가져가지 않았어. 그냥 옆에만 있었는걸……."

"아까부터 자꾸 너는 아무 잘못이 없는 것처럼 말하는데, 너도 같이 한 거 맞거든? 그리고 내가 아이스크림을 가져가려고 할 때 네가 나를 말렸어야지!"

심술이는 억울한 듯 평등이에게 쏘아붙였어요. 걱정이 많은 평등이는 더욱 불안해진 표정으로 다시 고개를 숙였지요. 그 모습을 지켜보던 이랑이가 차분하게 말했어요.

"자, 심술아, 평등아. 싸우지 말고 내 말을 잘 들어 봐. 어떤 사람이 범죄를 저지를 때, 옆에 같이 있었다면 공범이 될 수 있어."

'공범'이라는 말을 듣자마자 평등이와 심술이는 어리둥절한 표정으로 서로를 쳐다봤습니다. 이랑이는 차분하게 설명을 이어갔어요.

"그리고 두 명이 같이 절도 행위를 했다면, 이것은 특수절도로 판단될 수 있어. 그러면 아무리 너희가 촉법소년이라도 소년보호처분을 받게 돼."

평등이의 눈에는 이미 눈물이 고이고 있었어요. 평소 이런 일에 크게 흔들리지 않던 심술이조차 불안한 기색이 역력했지요.

'앞으로 더욱 조심하라는 의미로 자세히 설명해 줘야겠어! 리걸 마인드!'

### 이랑이가 알려 주는 특수절도

▶ **공범**: 다른 사람과 함께 범죄를 저지르거나, 다른 사람이 범죄를 저지르도록 시키거나, 다른 사람이 범죄를 저지르도록 도운 사람이에요.
▶ **특수절도**: 밤에 다른 사람의 집 문을 부수고 들어가 도둑질을 하는 행위. 또는 흉기를 휴대하거나, 2인 이상이 합동하여 다른 사람의 재물을 도둑질하는 행위를 말해요.

※ 형법 제30조~제34조 공범, 형법 제331조(특수절도) 관련 참조

절도죄는 6년 이하의 징역 또는 1,000만 원 이하의 벌금에 처해지는 심각한 범죄입니다. 청소년들의 경우 무리를 지어 절도를 하는 경우가 많은데, 2인 이상이 함께 절도를 하면 '특수절도죄'가 되어 더 큰 처벌을 받을 수 있어요. 이때 처벌 수위는 일반 절도보다 더 높아집니다. 특수절도죄의 처벌은 1년 이상 10년 이하의 징역형이 내려질 수 있습니다.

### 진심 어린 사과가 중요해

눈물을 흘리려는 평등이와 심술이를 보며 이랑이는 속으로는

웃고 있었지만, 곧 불쌍한 마음이 들어 겁주기를 그만두기로 했어요.

"그래도 아직 희망은 있어. 너희 말대로 적은 금액이고, 계획적으로 훔친 것도 아니잖아. 단, 조건이 있어. 혹시 뭔지 알겠어?"

평등이와 심술이는 그렁그렁한 눈빛으로 이랑이를 바라보았어요. 그리고 이내 생각에 잠겼지요.

그날 학교 수업이 끝난 뒤, 평등이와 심술이는 용기를 내어 부모님께 잘못을 고백했어요. 그리고 부모님과 함께 가게로 가서 가게 사장님께 전화를 드린 뒤 직접 만나 진심으로 사과하며 아이스크림 값을 돌려드렸지요.

사장님은 어린아이들이기 때문에 그럴 수 있다며 평등이와 심술이의 진심 어린 사과를 받아주셨고, 다시는 그런 일이 없도록 주의해 달라고 당부하셨답니다.

| 과제활동 | **이 법이 정당한가요?**

도전! 소년법에 대한 자신의 주장을 펼쳐 봅시다.

> 우리 소년법은 만 10세 이상의 청소년들이 범죄를 저질렀을 때부터 적용될 수 있습니다. 즉, 만 9세의 어린이가 범죄를 저질렀을 경우에는 소년법으로도 처벌을 받지 못하게 되는 것이지요.

**[문제 1]** 왜 기준이 만 10세일까요?




**[문제 2]** 10세 이상의 청소년에게만 소년법을 적용하는 것에 대하여 찬성하나요? 아니면 반대하나요? 자신의 의견과 근거를 정리해 봅시다.






**[문제 3]** 만약 소년법 적용 연령을 낮춰야 한다면, 몇 세까지 낮춰야 할까요? 그리고 그 이유는 무엇일까요?

## 심술이가 가정폭력을 당했다고?

학생들이 모두 하교하고 선생님만 교실에 남아 있던 어느 평화로운 오후였어요. 선생님은 아이들의 일기장을 검사하고 있었는데, 심술이의 일기장을 살펴보던 중 깜짝 놀랐어요.

'나는 오늘 가정폭력을 당했다.'

심술이 일기의 첫 문장이 너무 충격적이었기 때문이에요.

'항상 밝은 표정이었던 심술이가 가정폭력을 당하고 있었다고?'

선생님은 놀란 마음을 진정시키며 일기를 계속 읽었어요.

> 나는 내가 해야 할 일을 다 하고 놀고 있었는데, 아빠가 "왜 해야 할 일을 하지 않고 놀기만 하냐."면서 나를 혼냈다. 나는 억울해서 할 일을 다 하고 놀고 있는 거라고 소리쳤다. 아빠는 내가 버릇없게 말한다고 나한테 벽을 보고 서 있으라고 했다. 아빠가 너무 싫다.

일기를 끝까지 읽은 선생님은 당황할 수밖에 없었어요. 심술이의 이야기를 어떻게 받아들여야 할지 고민이 되었기 때문이지요. 선생님은 우선 심술이의 이야기를 직접 들어 보는 것이 중요하다고 생각했어요. 그래서 다음 날, 선생님은 심술이와 단둘이 이야기할 기회를 만들었지요.

"심술아, 네 일기를 봤어. 아빠한테 혼나서 많이 속상했니?"

"네."

심술이는 여전히 속상한 마음이 풀리지 않은 듯 대답했어요.

"너의 행동을 오해하고 혼내셨나 보구나. 선생님이 너라도 속상했을 거야. 그런데, 아빠가 이유 없이 심술이를 벽 보고 서 있으라고 하셨을까?"

"아니요, 지금 생각해 보니 제가 먼저 어른에게 소리를 지른 게 잘못인 것 같아요."

기특하게도 심술이는 자신의 잘못을 인정하고 있었어요.

"스스로 알게 되었다니 대단한데? 선생님도 심술이의 속상한 마음을 충분히 이해하지만, 바른 어린이가 되라고 하신 일을 가정폭력이라고 표현한 것을 아빠가 아신다면 많이 속상하실 것 같아."

"맞아요. 저도 그때는 너무 화가 나서 일기에 그렇게 썼어요."

다행히 심술이는 이제 화가 많이 풀린 상태였어요.

"그렇구나. 이제 화는 풀렸어?"

"네, 이제 괜찮아요. 선생님, 걱정 끼쳐 드려 죄송해요."

선생님은 안심하며 심술이를 자리로 돌려보냈습니다.

걱정스럽게 심술이를 지켜보던 이랑이는 이 틈을 놓치지 않고 다가가 물었어요.

"박심술, 또 선생님께 불려 갔네. 이번엔 무슨 일이야?"

"저번에 아빠한테 혼난 것 때문에 화가 나서, 일기장에 가정폭력을 당했다고 썼더니 선생님이 무슨 일이냐고 물어보셨어."

심술이는 이랑이에게 솔직하게 털어놓았어요.

"가정폭력?"

이랑이가 깜짝 놀란 표정으로 물었습니다.

"응. 예전에 어디서 봤는데, 부모님한테 정신적 피해를 받는 것도 가정폭력이라고 하더라고. 그게 떠올라서 홧김에 써 버렸어."

심술이는 마치 아무 일도 아닌 것처럼 말했어요. 그러나 이랑이는 그냥 넘어갈 일이 아니라고 생각했어요.

'기분을 상하게 한 게 죄라면, 세상 모든 사람이 죄인이겠네! 가정폭력이 그렇게 단순한 게 아니라고! 이번 기회에 정확히 알고 넘어가자. 리걸 마인드!'

### 이랑이가 알려 주는 가정폭력과 아동학대

▶ **가정폭력** : 가정 구성원 사이에 신체적, 정신적, 재산상의 피해를 발생시키는 행위를 말합니다.
▶ **아동학대** : 어른이 아동의 건강을 해치거나, 정상적인 발달을 하지 못하도록 하는 신체적·정신적·성적 폭력이나 가혹행위를 하는 것을 말합니다.

※ 가정폭력범죄의 처벌 등에 관한 특례법 제2조, 아동복지법 제3조 참조

심술이의 일기 때문에 큰일이 날 뻔했네요! 선생님과의 상담으로 오해는 풀렸지만, 이 기회에 더 확실히 알고 넘어가야 할 것 같아요. 심술이 아빠가 심술이에게 벽을 보고 서 있으라고 한 게

정말 가정폭력에 해당할까요? 이걸 판단하려면 먼저 가정폭력이 뭔지 알아야 해요.

가정폭력은 여러 가지 모습으로 나타날 수 있어요. 그중에서 가장 눈에 잘 보이는 건 신체적 폭력이에요. 신체적 폭력은 가족의 몸을 다치게 하거나 아프게 하는 행동을 말해요. 예를 들어, 아빠가 엄마를 때리거나, 부모님이 아이를 때리는 것이 이에 해당해요. 이런 행동은 바로 가정폭력 범죄로 처벌받을 수 있어요.

정신적 폭력은 눈에 잘 보이지 않지만, 더 큰 상처를 줄 수도 있어요. 예를 들어, 부모님이 아이에게 "너는 쓸모없는 사람이야." 같은 말을 자주 하면, 아이는 자신감을 잃고 마음에 큰 상처를 받을 수 있어요. 또는 한 사람이 가족을 계속 감시하거나, 마음대로 못 하게 막는 것도 정신적 폭력에 들어갈 수 있어요. 이런 폭력 때문에 우울증 같은 마음의 병이 생길 수도 있어요.

그렇다면 심술이 아빠가 한 행동은 가정폭력일까요? 아빠가 심술이의 잘못을 바로잡으려고 벽을 보고 서 있으라고 한 것은 아이의 행동을 고치려는 훈육으로 볼 수 있어요. 그래서 가정폭력이라고 보긴 어려워요. 하지만, 만약 아빠가 아무 이유 없이 심술이를 벽 보고 서 있게 했다면 어떨까요? 그건 심술이를 괴롭히는 행동으로 볼 수 있어요. 이렇게 되면 정신적 폭력이 될 수 있고, 심술이처럼 어린아이에게 이런 일을 했다면 아동학대로 처벌받을 수도 있어요. 즉, 가정 내에서 아동에게 신체적, 정신적, 성적 폭력을 가하는 행위는 가정폭력이며 동시에 아동학대가 될 수 있답니다.

혹시 특별한 이유 없이 자녀를 초등학교나 중학교에 보내지 않는 것도 아동학대에 포함된다는 사실을 알고 있나요? 특별한 이유 없이 아이를 학교에 보내지 않는 것도 학대에 포함돼요. 이렇게 아이가 꼭 필요한 것(음식, 옷, 교육, 병원 치료 등)을 못 하게 하면 방임이라고 해요.

아동학대는 신체적으로 때리는 것만이 아니라, 마음의 상처를 주거나 필요한 걸 못 하게 하는 것처럼 여러 가지 모습으로 나타날 수 있답니다.

### 또래 상담사 박심술

일기 소동이 있고 며칠 뒤, 교실에서는 아침부터 열띤 토의가 벌어지고 있었어요. 토의의 주제는 '어떤 1인 1역을 맡을 것인가?'였지요.

"나는 이번에 체육부장을 하고 싶어. 너는 어떤 역할 할 거야?"

평등이가 심술이에게 물었어요.

"나 이번에는 꼭 또래 상담사가 되고 싶어!"

심술이는 결의에 찬 듯 대답했어요. 친구들의 비밀과 고민을 먼저 알게 되고, 상담해 주는 모습이 멋져 보였거든요.

"그거 경쟁률 센데! 가위바위보 잘해야 될걸?"

평등이가 웃으며 말했습니다.

"걱정 마. 이 날을 위해 가위바위보를 연습해 왔다고!"

심술이는 자신만만하게 대답했어요.

드디어 또래 상담사 역할을 정하는 시간이 왔어요.

"자, 또래 상담사를 하고 싶은 사람은 손을 들어 주세요."

심술이는 기다렸다는 듯 번쩍 손을 들었고, 예상대로 많은 친구들이 함께 손을 들었어요.

"가위, 바위, 보!"

첫 번째 판에서 심술이와 정의가 이겼습니다. 이어 최종 승자를 가리는 두 번째 가위바위보가 시작되었어요.

"야호!"

결과는 심술이의 승리였습니다. 그렇게 심술이는 또래 상담사가 되었고, 친구들의 고민이 담긴 쪽지함을 확인할 수 있는 권한을 얻게 되었지요.

***

다음 날 점심시간, 심술이는 감격스럽게 첫 번째 상담 쪽지를 확인했어요. 쪽지 속 친구들의 고민을 해결해 줄 생각에 가슴이 설렜지요. 하지만 첫 쪽지에는 예상치 못한 복잡한 사연이 적혀 있었습니다.

이 쪽지는 같은 반 친구 지율이가 쓴 것이었어요.

사실 우리 집에서는 부모님이 자주 크게 싸우셔. 그때마다 너무 무섭고, 가끔 나한테까지 화를 내시기도 해. 그래서 학교가 끝나면 집에 가기 싫은 날도 많았어. 그런데 어제는 부모님이 싸우다가 내가 우니까, 나에게 쓸모없는 녀석이라며 밖에 나가라고 하셨어. 그리고 나를 세게 밀쳐서 바닥에 넘어지기도 했어. 앞으로 어떻게 해야 할지 모르겠어.

심술이는 쪽지를 읽고 깜짝 놀랐습니다. 며칠 전 이랑이가 설명했던 가정폭력에 딱 맞는 사례였기 때문이에요. 심술이는 고민 끝에 조심스럽게 지율이에게 다가가 물었어요.

"지율아, 괜찮아?"

"응, 심술아. 내 쪽지 봤구나. 나 어떻게 하면 좋을까?"

"지율아, 부모님께서 싸우실 때 네가 그 피해를 보고 있다면, 어른들에게 도움을 요청해야 해. 선생님이나 경찰에 말하면 널 도와줄 거야. 가정폭력은 그냥 참는다고 해결되는 게 아니거든."

심술이는 진심으로 지율이를 걱정하며 침착하게 말했어요. 하지만 지율이는 쉽게 동의하지 않았습니다.

"그렇지만, 가족인데 신고하는 건 아닌 것 같아. 일이 커져서 부모님이 알게 될까 봐 두려워."

지율이의 말을 듣고 심술이는 더욱 답답해졌어요.

"가족이라고 해서 무조건 참아야 하는 건 아니야. 그냥 놔두면, 나중에 더 심각해질지도 몰라."

지율이는 여전히 결정을 내리지 못하는 표정이었어요. 답답해진 심술이는 이랑이를 찾아가 지율이의 사정을 이야기했어요.

"이랑아, 지율이의 비밀을 지켜 줘야 하지만, 나도 어떻게 해야 할지 몰라서 너한테 말하는 거니까 꼭 비밀로 해 줘."

심술이의 말을 들은 이랑이가 말했습니다.

"오, 박심술. 정말 잘 대처했어. 비밀은 꼭 지킬 테니 걱정하지 마. 우선 지율이가 쓴 쪽지를 선생님께 보여 드리자."

심술이는 쪽지를 선생님께 드리면서 자초지종을 설명했습니다. 이야기를 들은 선생님이 말했어요.

"쉽게 않은 일을 심술이가 해결하려고 노력했네? 기특하구나. 선생님이 지율이와 이야기해 볼게. 고맙다, 심술아."

선생님께 쪽지를 넘긴 심술이의 마음은 한결 편안해졌습니다.

## 항상 주변 친구들에게 관심을

"상담이 이렇게 어려운 일인지 몰랐어."

심술이가 깊은 숨을 내쉬며 말했어요.

"그래도 또래 상담사 박심술 덕분에 문제가 잘 해결된 거지. 그리고 이렇게 어려운 문제만 있지는 않을 거야."

이랑이가 오랜만에 심술이를 칭찬해 주었어요. 하지만 심술이는 기분이 마냥 좋지만은 않았어요. 심술이의 머릿속에는 계속 한 가지 고민이 맴돌고 있었기 때문이지요.

"친구들의 고민을 조금 더 일찍 알아내는 방법은 없을까? 쪽지를 확인할 때까지 기다리면, 이미 늦은 것일 수도 있잖아."

심술이는 머릿속에 맴돌던 고민을 친구들에게 솔직하게 말했어요. 심술이가 진지한 표정으로 고민을 털어놓자, 친구들은 놀란 얼굴로 서로를 쳐다보았어요.

'심술이에게 이런 면이 있다니, 기특해라. 심술이에게 또래 상담사가 정말 잘 어울려.'

이랑이는 심술이의 새로운 모습을 발견하고 매우 감탄했어요. 그리고 지금이 친구들에게 관심을 가져야 한다는 이야기를 꺼낼 좋은 타이밍이라고 생각했지요.

"좋은 생각이야. 사실 가정폭력이나 아동학대를 미리 알아낼 수 있는 방법이 있지."

이랑이가 자신만만한 표정으로 말했어요.

"정말? 어떻게?"

심술이가 궁금한 듯 물었고, 덕분에 친구들 모두가 마치 또래 상담사가 된 것처럼 집중하는 모습이었어요.

"그럼, 친구들을 돕는 방법을 같이 생각해 보자!"

### 이랑이가 알려 주는 아동학대의 징후

▶ **징후:** 겉으로 나타나는 낌새를 말해요.
▶ **아동학대 신고 의무:** 아동을 자주 보거나 관련 있는 일을 하는 사람들을 신고의무자로 규정하고, 아동학대를 발견하였거나 의심이 되는 경우 즉시 아동보호 전문기관이나 수사기관에 신고하도록 하는 제도입니다.

※ 아동학대범죄의 처벌 등에 관한 특례법 제10조 참조

가정폭력이나 아동학대가 발생하면 이를 알 수 있는 징후들이 나타나기 마련이에요.

신체적 학대를 당하는 경우, 아이들이 부모님을 두려워하거나 늘 위험한 상황을 경계하는 모습을 보일 수 있어요. 몸에 반복적으로 생기는 상처도 신체적 학대의 징후일 수 있습니다. 특히 어른을 두려워하거나 만지려 하면 피하고, 다른 친구가 울 때 지나치게 겁을 내는 행동을 보인다면 신체적 학대를 의심해 볼 수 있어요.

정서적 학대를 당하면 아이가 특정 물건을 입으로 자꾸 빠는 행동이나, 공포심이나 강박 같은 증상을 보일 수 있어요. 언어장애가 생기거나 실수에 과도하게 겁을 내고, 부모와의 접촉을 피하려는 모습도 정서적 학대의 신호일 수 있답니다.

방임은 아이가 씻지 않거나 옷이 더럽고, 음식을 구걸하거나 물건을 몰래 가져가는 행동으로 나타날 수 있어요. 수업 시간에 자주 졸거나 학교에 자주 오지 않는 것도 방임의 징후일 수 있습니다.

성적 학대를 당할 경우, 성적인 내용을 담은 그림을 그리거나 나이에 맞지 않는 행동을 할 수 있어요. 또한, 밤에 잠을 잘 못 자거나 우울해하고, 다른 사람과 부적절한 행동을 하거나 혼자 있는 걸 두려워할 수도 있어요.

그렇다면 주변 친구들에게 이런 징후가 보일 때 우리는 어떻게 해야 할까요? 먼저 친구의 감정 상태와 행동 변화를 주의 깊게 살펴보는 것이 중요해요. 평소보다 우울해 보이거나 말수가 줄어드는 친구가 있다면, 더욱 신경을 써야 합니다.

또래 상담 활동을 할 때에는 감정 카드를 사용하는 것도 좋은 방법이에요. 힘들어하는 친구가 감정 카드를 통해 자신의 마음을 표현하도록 도와줄 수 있어요. 예를 들어, 감정 카드 중 자신이 느끼는 감정을 고르게 하고, 왜 그런 감정을 느꼈는지 물어보며 이야기를 시작할 수 있답니다.

하지만 친구의 고민이 너무 심각하다고 판단된다면, 반드시 선생님에게 알리는 걸 잊지 마세요. 친구의 안전을 위해 어른의 도움을 받는 것이 가장 중요하답니다.

**과제활동** **심술이의 감정카드**

심술이의 상담 활동을 도와줄 수 있는 감정카드를 만들어 봅시다.

**[활동 1]** 일상에서 자주 느끼는 감정들을 적어 보세요. 감정들을 적은 후, 긍정적 감정에는 ♡, 부정적 감정에는 △를 표시해 보세요.

**[활동 2]** 위에서 나온 다양한 감정들 중 한 가지를 골라서 감정 카드의 앞면과 뒷면을 만들어 봅시다. 카드 앞면에는 감정 단어를 쓰고, 카드 뒷면에는 이 감정을 느낄 수 있는 상황을 그려 봅시다.

<카드 앞면>       <카드 뒷면>

## 진로탐색 1  범인은 우리가 잡는다! 경찰과 검사

어둠 속에서 벌어지는 범죄, 이를 해결하기 위해 누군가는 언제나 깨어 있습니다. 현장에서 범인을 쫓고, 사건을 조사하며 진실을 밝히는 이들. 바로 경찰과 검사입니다. 경찰은 사건의 첫 단서를 찾아내고, 검사는 그 단서를 토대로 법정에서 정의를 실현하지요. 범죄와의 싸움에서 결코 빠질 수 없는 이 두 직업, 과연 어떤 역할을 하는지 알아보겠습니다.

### 경찰

**질문 1. 경찰은 어떤 일을 하는 사람인가요?**

경찰은 사회의 질서와 안전을 유지하는 역할을 합니다. 범죄를 예방하고 수사하며, 시민들의 안전을 보호합니다. 범죄 현장을 조사하고 증거를 수집하며, 범죄자를 체포합니다. 또한 교통사고를 처리하거나, 위험에 처한 시민들을 보호하는 역할도 합니다.

**질문 2. 경찰이 되기 위해서는 어떤 과정을 거쳐야 하나요?**

경찰이 되는 방법은 크게 두 가지가 있어요.

첫 번째는 경찰대학교에 진학하는 것이에요. 경찰대학교를 졸업하면 경위 계급에서 경찰 생활을 시작할 수 있어요.

두 번째는 경찰공무원 채용시험에 응시하는 거예요. 이 시험에서는 필기시험, 체력시험, 면접을 보게 됩니다. 시험에 합격하면 경찰교육기관에 들어가 경찰로서 필요한 교육을 받게 돼요.

교육이 끝난 뒤에는 일정 기간 동안 경찰서에서 실무를 배우며 경험을 쌓아요. 이 과정을 모두 마치면 드디어 경찰 공무원으로 임명되게 돼요.

### 질문 3. 경찰이 되기 위해 어떤 노력을 해야 할까요?

경찰은 시민의 안전을 책임지는 중요한 직업이에요. 그래서 경찰이 되려면 강한 체력과 정신력이 필요해요. 그러려면 꾸준히 운동하고 체력을 관리하는 것이 중요합니다. 또한 경찰 시험에서는 형법과 같은 법률 지식을 시험 보니까, 형법에 대해 공부해야 하고, 사회 문제에도 관심을 가지는 것이 필요해요. 마지막으로 경찰이 되려면 책임감과 정의감을 가지고 사회에 도움이 되는 마음가짐이 필요합니다.

### 질문 4. 경찰이 사건을 해결하는 과정은 어떤가요?

만약 범죄가 일어나면, 경찰은 증거를 모으고 피해자의 이야기를 듣고 기록합니다. 그리고 범인을 잡기 위해 용의자를 추적합니다. 이러한 과정을 '수사'라고 합니다. 범죄 수사가 끝나면, 경찰은 수사 기록을 검찰에 넘겨요. 검찰은 경찰의 수사기록을 바탕으로 **기소**를 할지 말지 결정해요.

> **기소**
> 검사가 범죄 사건을 법원에 넘겨 재판을 받도록 하는 일을 말해요.

## 검사

### 질문 1. 검사는 어떤 일을 하는 사람인가요?

검사는 범죄를 수사하고, 법정에서 범죄 사실을 증명하는 중요한 역할을 해요. 경찰이 모은 증거를 꼼꼼히 살펴본 뒤, 피의자를 기소할지 결정합니다. 재판이 열리면, 검사는 법정에서 범죄를 입증하기 위해 증거를 보여주고 설명해요.

### 질문 2. 검사가 되기 위해서는 어떤 과정을 거쳐야 하나요?

검사가 되는 방법은 두 가지 방식이 있습니다.

첫 번째는 로스쿨 재학 중 검사 임용 시험에 응시한 후, 로스쿨 졸업 후 변호사 자격증을 취득한 뒤 곧바로 검사가 되는 것입니다.

두 번째 방식은 로스쿨 졸업 후 변호사 자격증을 취득한 뒤 변호사로 일정 기간 근무를 하다가 '경력검사' 임용 시험에 응시하여 검사가 되는 것입니다.

### 질문 3. 검사가 되기 위해 어떤 노력을 해야 할까요?

검사로서 성공하려면 우수한 법률 지식과 논리적 사고가 꼭 필요합니다. 법률에 대해 깊이 이해하는 것은 물론, 범죄를 철저히 분석하고 증거를 바탕으로 합리적인 결론을 내리는 능력도 갖추어야 합니다. 또한, 법정에서는 논리적이고 설득력 있게 자신의 주장을 펼치는 능력이 중요합니다. 이를 위해 평소에 독서와 논리적 글쓰기를 연습하고, 사건을 분석하고 해결하는 사고력을 기르는 것이 필요합니다.

**질문 4. 경찰과 검찰의 차이는 무엇인가요?**

경찰과 검사는 범죄를 해결하기 위해 함께 일하지만, 각각의 역할이 다릅니다.

경찰은 범죄가 발생하면 가장 먼저 현장에 출동하여 증거를 모으고, 범인을 잡는 일을 합니다. 범죄 현장에서 사건을 조사하고, 수사를 통해 사건의 전말을 파악하는 것이 경찰의 주요 임무입니다. 그런 다음, 경찰은 모은 증거와 수사 결과를 검사에게 넘깁니다.

검사는 경찰이 넘겨준 사건을 꼼꼼히 검토하고, 범인을 재판에 세울지 결정합니다. 또한, 검사는 법정에서 범죄 사실을 증명하기 위해 경찰이 모은 증거를 바탕으로 변론하는 중요한 역할을 합니다.

**2장**

# 법은 모두가 지켜야 하는 공정한 약속이야!

## 민법

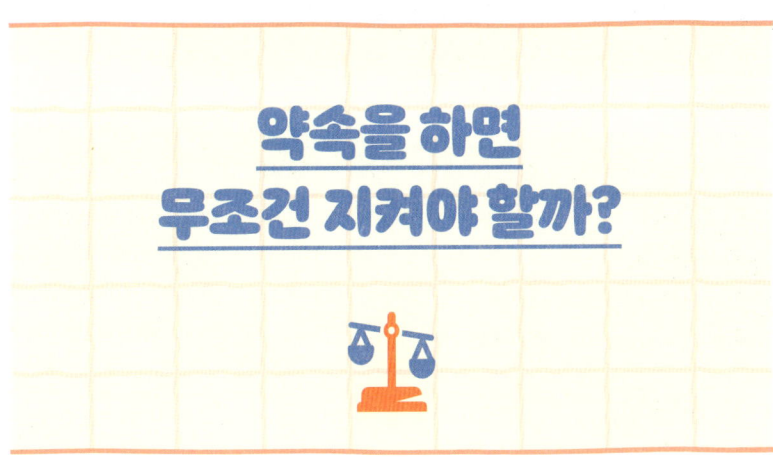

## 내 물건은 내 마음대로!

요즘 이랑이네 반 친구들 사이에서는 아이돌 포토카드가 대유행이에요. 친구들은 각자 좋아하는 아이돌의 포토카드를 모으기 위해 앨범을 사기도 하고, 원치 않는 포토카드가 나온 경우에는 다른 친구들과 교환하기도 했지요. 그런데 가끔 문제가 생기기도 했어요.

"야! 아무리 그래도 열 장은 너무 심하잖아!"

평화로운 교실 뒤편에서 갑자기 정의가 큰 소리로 항의하는 소리가 들렸어요. 이랑이와 평등이는 무슨 일인지 알아보기 위해 정의에게 달려갔어요.

"정의야, 무슨 일이야?"

"심술이랑 포토카드 교환을 하는데, 내 거 열 장이랑 자기 거 한 장이랑 바꾸자고 하잖아!"

정의가 억울하다는 듯 씩씩거리며 말했어요.

"내 포토카드는 레어템이거든? 이거 귀한 거니까 일반 포토카드 열 장의 가치가 있다고! 조건이 마음에 안 들면 안 바꾸면 되지, 왜 성질이야?"

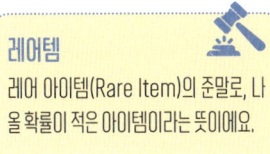

**레어템**
레어 아이템(Rare Item)의 준말로, 나올 확률이 적은 아이템이라는 뜻이에요.

심술이는 나름 억울하다는 표정으로 변명했어요. 모여든 아이들도 누구의 말이 맞는지 판단하기 어려운 표정이었지요.

"정의 말을 들으면 정의가 맞는 것 같고, 심술이 말을 들으면 심술이 말도 맞는 것 같은데……."

이랑이는 친구들에게 '민법'에 대해 알려 줄 수 있는 좋은 기회라고 생각했어요.

'내가 나설 타이밍이야! 리걸 마인드!'

### 이랑이가 알려 주는 민법의 기본 원리

▶ **계약자유의 원칙:** 누구와 어떤 내용으로, 어떤 방식으로 계약을 할지는 전적으로 당사자들의 자유라는 원칙입니다.

▶ **약속준수의 원칙:** 당사자들 간에 약속한 권리와 의무를 성실하게 이행해야 한다는 원칙입니다.

**계약자유의 원칙**
정확한 용어로는 '사적자치의 원칙'이라고 합니다.

**약속준수의 원칙**
정확한 용어로는 '신의성실의 원칙'이라고 합니다.

민법은 사람들의 재산이나 가족과 관련된 권리와 의무를 정한 법이에요. 예를 들어, 물건을 사고팔거나, 돈을 빌려주고 갚는 것은 재산과 관련된 것이고, 결혼을 하거나 이혼을 하는 것은 가족 관계에 대한 것이지요.

위 이야기에서 심술이는 귀한 포토카드 한 장을 가지고 있지요? 그러면 심술이는 그 포토카드를 '소유'하고 있는 거예요. 법적으로는 '소유권'을 가지고 있다고 표현합니다.

소유권이 있는 사람은 그 물건을 마음대로 처리할 수 있어요. 예를 들어, 물건을 버리든, 팔든, 교환하든, 그 선택은 모두 소유자의 자유예요.

심술이는 정의와 포토카드를 교환하려고 했어요. 이때 심술이는 정의에게 자신이 가진 포토카드를 줘야 하는 '의무'가 생기고, 정의의 카드를 받을 '권리'가 생겨요. 이처럼 서로 권리와 의무가 생기는 약속을 '계약'이라고 합니다.

민법에서는 계약의 원칙이 아주 간단해요. 당사자들(심술이와 정의)끼리 서로 동의하면, 어떠한 계약 조건도 자유롭게 정할 수 있어요. 예를 들어, 정의가 동의하기만 하면, 심술이의 카드 한 장과 정의의 카드 서른 장을 바꾸는 것도 문제가 되지 않아요.

하지만 계약이 체결되면 반드시 지켜야 해요. 계약을 한 당사자끼리는 서로 약속한 계약 내용을 잘 지키고, 상대방의 믿음을 저버리지 않을 '의무'가 있어요. 계약은 법으로 정해 놓은 '약속'이지요.

## 사회질서를 어기는 약속은 안 돼!

이랑이에게 '계약자유의 원칙'을 들은 심술이는 더욱 신이 나서, 더 많은 조건을 요구하고 싶어졌어요. 그러다 문득 지난주에 읽었던 《베니스의 상인》 이야기가 떠올랐지요. 이야기 속에는 빌려간 돈을 갚지 못하면 살 1파운드를 떼어 줘야 한다는 조건으로 계약을 맺는 상인이 등장하지요. 심술이는 그 내용을 떠올리며, 평소 정의에게 쌓였던 불만을 풀어 보려는 생각이 들었어요.

"카드 열 장이 너무 많으면, 카드 대신 나한테 딱밤 열 대 맞는 건 어때? 카드도 아끼고, 몸으로 때우면 되잖아. 해볼 만하지 않아?"

심술이의 말을 들은 주변 아이들이 크게 술렁였어요. 정의는 이 말을 듣고 얼굴이 화끈거리며 더 화가 나 쏘아붙였어요.

"야, 박심술! 네가 아무리 그래도, 어떻게 친구를 때리는 걸 조건으로 넣을 수 있어?"

"방금 배운 내용이 기억 안 나? 아니면 이해를 못 한 거야? 계약은 서로 동의만 하면 자유롭게 할 수 있다잖아."

심술이가 당당하게 말했어요. 이랑이는 심술이의 말 때문에 머리가 지끈거렸어요.

'내가 정말 못 살아. 이해를 제대로 못 한 건 너야, 너, 박심술! 리걸 마인드!'

### 이랑이가 알려 주는 민법의 한계

▶ **사회질서 위반:** 어떠한 법률행위가 선량한 풍속이나 사회질서에 위반된다면 그 법률행위는 효력이 없습니다.
▶ **불공정한 법률행위:** 궁지에 몰린 사람이나, 순진무구한 사람에게 한 공정하지 못한 법률행위는 효력이 없습니다.

※ 민법 제103조(반사회질서의 법률행위),
제104조(불공정한 법률행위) 참조

앞에서 우리는 민법의 기본 원칙인 '계약자유의 원칙'을 배웠지요. 하지만 여기에서의 '자유'는 아무런 제한 없이 마음대로 할 수 있다는 뜻은 아니에요.

《베니스의 상인》 이야기에서 고리대금업자인 샤일록이 상인 안토니오에게 "돈을 갚지 못하면 살 1파운드를 떼겠다."라고 말하며 돈을 빌려주는 장면이 나와요. 하지만 이 장면은 대표적으로

'사회질서 위반'에 해당해요. 왜냐하면 타인의 몸을 다치게 하는 것은 계약으로 자유롭게 정할 수 있는 내용이 아니기 때문이에요.

우리 민법에서는 법률 행위가 선량한 풍속(좋은 도덕)이나 사회질서에 어긋나면, 그 행위는 효력이 없다고 정해 놓고 있어요. 즉, 심술이가 정의를 열 대 때리기로 약속했다고 해도, 사람의 몸을 다치게 하는 것은 선량한 풍속과 사회질서에 위반되므로 법적으로 아무런 효력이 없어요.

또한, 공정하지 못한 약속도 효력이 없답니다. 예를 들어, 너무

힘든 상황에 처한 사람이나 순진한 사람을 속여서 한 약속도 효력이 없어요. 만약 낭떠러지에 매달린 사람에게 "전 재산을 주면 구해주겠다."라고 약속하고 구해줬다고 해도, 전 재산을 주겠다는 약속은 지키지 않아도 돼요. 그 이유는, 어려운 상황에 처한 사람을 이용해서 공정하지 않은 계약을 맺었기 때문이에요.

모든 약속은 '공정한' 방식으로 이루어져야만 법적으로 효력이 있답니다.

## 민법의 주요 개념

심술이와 정의의 다툼을 본 평등이는 마음이 편치 않았어요. 집에 와서 가족과 함께 저녁식사를 하는 중에도 계속 그 일이 머릿속에 맴돌았지요.

"평등아, 혹시 학교에서 친구랑 싸웠니? 오늘따라 표정이 유독 안 좋아 보이는데……."

평등이 엄마가 걱정스러운 얼굴로 물었어요.

"제가 싸운 건 아닌데요……."

평등이는 부모님께 학교에서 있었던 일을 자세히 이야기했어요. 엄마는 친구들끼리 포토카드를 교환하는 것 자체를 반대했지만, 아빠는 조금 다르게 생각했어요.

"너희들이 벌써부터 계약이라는 것에 관심을 가지고, 법까지 궁금해한다니 정말 기특한 일인데?"

아빠가 평등이를 칭찬하며 말했어요.

"그런데 약속이 생각보다 단순하지 않아 어려워요."

평등이는 살짝 난처한 표정으로 대답했어요. 평등이는 내일 학교에 가면 복잡한 민법의 원리를 이랑이에게 물어봐야겠다고 생각했지요. 이랑이라면 왠지 알고 있을 것 같았거든요!

### 민법의 주요 개념 - 물권과 채권

- **물권**: '물건에 대한 권리'라고 이해하면 쉬워요. 물건을 누가 소유하는지, 누가 이용할 권리가 있는지 등의 권리를 물권이라고 한답니다.
- **채권**: 물권과 달리 눈에 보이지는 않지만 상대방에게 어떤 행위를 할 것을 요구할 수 있는 권리를 말합니다. 예를 들어 누군가 내 물건을 망가뜨렸으니, 물건 값을 달라고 요구할 수 있는 권리가 있습니다.

※ 민법 제2편(물권), 제3편(채권) 참조

민법은 사실 어른들도 이해하기 힘든 어려운 법이고, 민법에 등장하는 '물권', '채권'과 같은 개념들은 더더욱 이해하기 어려워요. 여러분은 이러한 개념을 정확하게 이해하려고 하기보다는, 우리 주변을 둘러보면서 '아~ 이런 것이 물권이겠구나.', '이건 채권이겠구나.'라고 찾아내거나 이해할 수 있는 정도면 충분합니다.

물건에 대한 권리는 눈에 보이기 때문에 비교적 쉽게 찾을 수 있어요. 여러분은 공책, 연필을 '소유'하고 있고, 여러분 집에 있는 정수기나 안마의자는 회사에 사용료를 내고 '이용할 수 있는 권리'를 얻어 사용하고 있는 것이지요.

반대로 채권은 눈에 보이지 않기 때문에 이해가 더 어려울 수 있지만, 몇 가지 대표적인 사례를 알아 두면 좋아요. '심술이가 평등이에게 돈을 빌려줬다면, 나중에 평등이에게 돈을 돌려 달라고 할 권리가 생긴다.', '심술이가 정의의 물건을 망가트렸다면, 물건 값을 줘야 한다.' 와 같은 사례를 기억해 주세요.

### 과제활동  무효인 법률행위를 찾아봐요

다음 보기 중에서 사회질서에 위반되거나, 불공정한 법률행위를 고르고 그 이유를 써 봅시다.

[보기 1] 대학생이 초등학교 1학년과 퀴즈 맞히기를 해서, 진 사람이 이긴 사람에게 100만 원을 주기로 함

[보기 2] 아빠가 초등학생 아들이 시험에서 90점 이상 맞으면, 갈비를 사 주기로 약속함

[보기 3] 만약 이번 시험에서 80점 이하로 맞으면 죽을 때까지 심부름을 하기로 약속함

[보기 4] 평등이가 문구점에서 1,000원을 내고 공책을 한 권 삼

[보기 5] 빌려 간 돈을 갚지 않으면 1,000원당 한 대씩 맞기로 함

[보기 6] 대신 시험을 봐 주면 그 대가로 세 달 치의 용돈을 주기로 함

[정답]

[보기 1]: 유효. 대한상공회의소 홍보영상이 수험생에게 지급되기도 하고 상대에게 100만 원의 상금을 지급하기로 하는데, 돈은 '공정하고 많은 사람들이 이용한 공공장소에서 발생한 운동이에요.'

[보기 2]: 유효. 양당한 기공과 조건에 의한 약속입니다.

[보기 3]: 유효. '꽃을 꺾지마라'는 약속은 지나치게 강요해요, 또 아이 많지 않는 장난이 없고 약속들, 싶어요한 조건을 갖추고 있지 않아서 성공에 위반되지 않는다. 일상에서 약속할 수 있다.

[보기 4]: 유효. 이 약속은 아무런 문제가 되지 않겠지요?

[보기 5]: 무효. 사람의 신체에 대해 폭력을 이용하여 성공원이 반응될 수 없어 성공에 위반됩니다.

[보기 6]: 무효. 속공거리 시험을 대신 봐 주는 것은 사회질서에 위반됩니다. 해야입니다.

## 스마트폰 사용으로 인한 갈등

요즘 정의 어머니는 고민이 많아졌습니다. 정의의 이모가 생일에 스마트폰을 사 준 것이 모든 문제의 시작이었지요. 평소 모범적이고 시간 약속을 잘 지키던 정의를 믿고, 스마트폰을 사 줘도 큰 문제가 없을 거라고 생각했어요. 하지만 정의는 결국 스마트폰에 푹 빠져 버리고 말았지요.

"정의 너! 또 숙제 안 하고 스마트폰 하고 있니? 자꾸 그렇게 스마트폰만 하면, 스마트폰 압수할 거야!"

"엄마! 저 이제 겨우 30분 했거든요? 오늘은 두 시간 동안 해도 된다고 허락하셨잖아요!"

정의 어머니는 스마트폰에 빠져 버린 정의가 못마땅했고, 정의는 어머니의 기분에 따라 잔소리를 들어야 하는 것이 억울했어요. 이를 보다 못한 아버지가 타협안을 내놓으셨어요.

"그럼 하루 사용 시간을 정해 놓는 것은 어떨까? 하루 딱 한 시간 동안은 자유롭게 사용하는 거야."

"아빠! 한 시간만으로는 너무 부족해요. 친구들과 메시지로 대화만 하더라도 한 시간은 훌쩍 지나가는걸요."

어머니는 스마트폰 구입을 허락한 것을 후회하기 시작했고, 아버지는 예상치 못한 갈등에 어쩔 줄 몰라 하셨어요. 정의는 정의 나름대로 억울하고 불만이 쌓여가고 있었지요. 결국 정의는 참지 못하고 단체 채팅방에 고민을 털어놓기로 했어요.

"얘들아, 뭐해? 나 지금 정말 억울하거든……."

정의는 자신의 상황을 자세히 이야기했어요.

'이럴 수가, 정의도 이런 갈등을 겪는구나!'

단체 채팅방에서 정의의 이야기를 본 친구들은 모두 비슷한 생각을 하고 있었어요. 이랑이는 정의를 포함한 모든 아이들에게 도움을 주어야겠다고 생각했어요.

'생각이 서로 다른 사람들끼리의 약속, 계약에 관련된 이야기를 해 줘야겠어. 리걸 마인드!'

> **이랑이가 알려 주는 계약**
>
> ▸ **계약:** 계약이란 일종의 '약속'입니다. 당사자 간 서로 지켜야 할 의무에 대해서 말이나 글로 정하는 것이라고 이해하면 됩니다. 일반적인 약속과 달리 '계약'은 약속을 지켜야 할 '법적인 의무'가 생긴다는 차이가 있습니다.

여러분은 평소 약속을 얼마나 잘 지키고 있나요? 우리는 일상에서 여러 사람과 많은 약속을 하고, 그것을 잘 지키려고 노력합니다. 예를 들어, 친구와 방과 후에 만나기로 한 약속, 내일까지 꼭 해 오기로 한 숙제, 식사 후에 양치질하기, 건널목에서는 꼭 파란 신호등이 켜졌을 때 건너기 같은 약속들이 있지요.

그런데 만약 이런 약속들을 제대로 지키지 않으면 어떤 일이 일어날까요? 특히 가족이나 친구 사이에서 약속을 지키지 않으면 서로 감정이 상하고, 심하면 다툼으로 번지기도 합니다. 그래서 우리는 서로 정한 약속을 잘 지키기 위해 항상 노력해야 해요.

하지만 왜 약속이 자주 지켜지지 않을까요? 분명 약속을 지키려고 노력했는데도 어기는 경우가 많습니다. 약속이 자주 지켜지지 않는 이유 중 하나는 약속을 정하는 방식에 있어요.

엄마와 스마트폰 사용 시간을 정한 약속을 예로 들면, 보통 이런 약속은 그냥 대화를 나누는 과정에서 정해지는 경우가 많아요. 명확한 기준을 정하지 않으면, 약속이 잘 지켜지지 않을 수 있답니다. 그래서 어른들은 '계약서'라는 것을 작성해서 약속의 내용을 구체적으로 정해요. 그리고 약속을 지키지 못했을 때 어떻게 책임질지까지 미리 정해 놓습니다.

## 계약의 방식과 효력

정의는 학교에 와서도 친구들에게 부모님과의 다툼에 대한 이야기를 계속했어요. 그리고 새롭게 알게 된 계약이라는 개념도 함께 강조했지요. 그렇게 한참 정의의 이야기를 듣던 평등이가 물었어요.

"정의의 이야기를 들어 보니, 우리는 평소 알게 모르게 계약을 하면서 살고 있는 것 같아. 그런데 만약 이런 계약을 지키지 않으면 어떻게 되는 거야?"

"보통 계약을 하는 순간부터 법적으로 그 내용을 지켜야 할 의무도 함께 생기는 거야."

이랑이가 대답했고, 평등이는 듣자마자 얼굴을 찌푸리며 다시 물었어요.

"법적인 의무라면, 경찰에 잡혀가거나 재판을 받게 될 수도 있는 건가?"

평등이의 심각한 질문에 정의도 깜짝 놀라며 물었어요.

"너 왜 그래? 혹시 무슨 계약했는데 지키지 않은 게 있어?"

"아니, 그게 그러니까…. 지난번에 심술이가 나한테 준다고 약속한 물건이 있는데, 지금까지 안 주고 있거든……."

그 말을 듣자마자 심술이는 얼굴이 빨개지며 말했어요.

"야, 그건……. 나는 말로만 준다고 했지, 우리가 계약 같은 걸 한 적은 없잖아!"

그러고는 자신은 잘못이 없다는 듯 당당하게 말했지요.

"그리고 내가 일방적으로 준다고 하는 것도 계약인가? 사람 마음이 언제든 바뀔 수도 있지!"

심술이의 변명을 들은 평등이는 다시 시무룩해졌고, 주변 친구들은 정확히 누구의 말이 맞는지 헷갈리는 표정이었어요.

'역시 박심술, 자기 유리한 대로만 생각하고 있어! 너의 생각이 왜 잘못됐는지 내가 알려주지! 리걸 마인드!'

### 이랑이가 알려 주는 계약의 방식과 효과

▶ **계약의 방식**: 계약은 당사자들 간 의사가 일치하면 성립합니다. 반드시 계약서를 쓸 필요도 없고, 말로만 약속을 정해도 성립합니다.

▶ **계약의 효과**: 계약이 성립되면 당사자는 계약 내용을 지켜야 하는 의무가 발생하며, 일방적으로 계약을 파기하지 못합니다.

심술이는 평등이에게 장난감을 주기로 약속했지만 '계약서'를 쓰지 않았으므로, 약속을 지킬 의무가 없다고 주장하고 있습니다. 그러나 계약은 꼭 문서로 해야만 효력을 갖는 것이 아닙니다. '구두계약'이라고 해서 말만으로도 계약을 체결할 수 있습니다. 다만, 시간이 흘러 서로 했던 말에 대한 기억이 달라지거나 실제 약속과는 다른 주장을 할 수 있기 때문에, 이왕이면 계약서의 형태로 계약하는 것이 안전하답니다.

그리고 계약이 체결되는 순간부터 당사자는 계약 내용을 지켜야 할 의무가 생깁니다. 예를 들어, 심술이가 평등이에게 장난감 한 개를 주기로 약속했다면, 심술이는 '평등이에게 장난감 한 개를 줄 의무'가 생기는 것이고, 평등이는 '장난감 한 개를 받을 권리'가 생기는 것입니다. 따라서 심술이가 주장하는 것처럼 '심술이가 평등이에게 일방적으로 준다고 한 계약'이었다고 하더라도, 당연히 지켜야 할 계약이라고 보아야 합니다.

우리는 앞서 계약 자유의 원칙을 알아보았지요? '당사자들 간에 의사가 일치한다면' 자유롭게 계약 내용을 정할 수 있는 것이기 때문에, 주고받는 것에 동의하였으면 계약은 그대로 진행되어야 하는 것이 맞습니다. 그리고 계약과 동시에 이를 지켜야 할 의무가 생기고, 마음대로 계약을 취소할 수 없게 되는 것이지요. 실제 어른들 간에는 일방적으로 계약을 취소하거나 일부러 내용을 지키지 않는 경우가 많아, 결국 법원까지 가게 되는 경우가 있답니다.

## 우리 주변엔 정말 많은 계약이 있어요

평등이는 새롭게 알게 된 '계약'이라는 개념이 너무나 흥미로웠어요. 심술이와의 약속도 일종의 계약이기 때문에 꼭 지켜야 한다는 것을 알게 된 후, 평등이는 더욱 궁금한 점이 많아졌지요.

"아빠, 어른들이나 회사에서는 약속을 계약이라고 하고, 계약서를 자주 쓴다고 하는 게 사실이에요?"

저녁 식사 중에 평등이가 아빠에게 물었어요.

"우리 딸, 요즘 학교에서 법에 대해 배우고 있니? 아빠 회사에서는 물건을 구입할 때마다 계약서를 쓰진 않아. 하지만 1년 치 물건이나 1개월 치 거래를 계약으로 정하긴 하지. 다른 곳에서는 어떤지 잘 모르겠구나."

"그럼 한 번 우리 주변에 어떤 계약이 있는지 찾아서 빙고 게임을 해 보실래요?"

평등이가 자신만만하게 제안했어요.

"하하! 그래 우리 딸, 과연 몇 개나 찾을 수 있을지 궁금한걸?

지는 사람이 이번 주 분리수거를 담당하는 것으로 하자!"

"네! 좋아요!"

평등이는 믿는 구석이 있었어요.

'후후, 나는 이랑이한테 도움을 받으면 된다고!'

그러고 나서 방으로 들어가 몰래 이랑이에게 전화를 걸었지요.

"이랑아! 늦은 시간에 미안한데, 사실 내가 아빠랑 내기를 해서 말이야……."

'아빠와 내기까지 하기로 했다고? 그렇다면 당연히 내가 도와줘야지. 리걸 마인드!'

### 이랑이가 알려 주는 '계약의 종류'

▶ **계약의 종류:** 계약에는 증여계약, 매매계약, 교환계약, 대여계약, 사용계약, 임대차계약, 고용계약, 여행계약 등 다양한 계약의 종류가 있어요. 이런 계약은 모두 중요한 '약속'입니다.

※ 민법 제3편 제2장 '계약' 참조

계약의 종류는 매우 다양합니다. 예를 들어 심술이가 평등이에게 장난감 한 개를 주기로 한 것은 '증여계약'에 해당합니다. 이처럼 돈을 지급하고 아이스크림, 문구류 등의 물건을 구입하는 계약을 '매매계약'이라고 합니다.

일전에 심술이와 평등이가 포토카드 교환 문제로 다투었던 일을 기억하고 있나요? 이처럼 서로 물건을 교환하기로 하는 계약은 '교환계약'에 해당합니다. 그리고 우리 주변에는 친구한테 일정 금액을 빌리고 갚아야 하는 '대여계약', 돈이 아니라 물건을 잠시 빌려 사용하고 돌려줘야 하는 '사용계약'도 흔히 볼 수 있지요.

그 밖에도 우리 주변에는 가게의 주인이 가게에서 일할 직원을 고용하는 '고용계약', 여행사가 여행객이 안전하게 여행하도록 숙박, 관광 등의 서비스를 제공하는 '여행계약' 등을 볼 수 있어요.

어떤가요? 계약과 우리 삶은 떼려야 뗄 수 없겠죠?

 ## 스마트폰 사용 계약서를 작성해 봅시다

도전! 정의의 고민을 같이 해결해 볼까요? 스마트폰 사용 규칙에 대한 계약서를 작성해 봅시다.

**[원칙 1]** 사전에 약속해야 할 당사자를 정합니다.

우선, 약속해야 할 당사자가 누구인지를 생각해 보아야 해요. 엄마와의 약속이면 엄마와 내가 당사자가 되겠지요.

- 엄마
- 아빠
- 나
- 선생님
- 형제자매
- 친구(OOO)

**[원칙 2]** 약속의 목적을 분명히 해야 합니다.

예: 나 OOO의 스마트폰 사용 시간과 방법 등을 미리 정하여 가족 간 다툼을 예방하고, 건전한 스마트폰 사용 습관을 기르는 것을 목적으로 한다.

**[원칙 3]** 어떤 것들을 약속해야 할지 정해야 해요.

약속을 지켜야 하는 목적을 분명히 하고 이 목적에 대상자 모두가 동의하는 경우 약속의 효과가 지속될 수 있어요.

- 스마트폰 사용 시간
- 사용 장소
- 비밀번호 공개
- 초과 사용 시간
- 약속을 어겼을 경우
- 약속의 예외
- 하면 안되는 행위
- 개인 정보 보호

준비된 내용을 바탕으로 계약서를 작성해 봅시다.

## 스마트폰 사용 계약서

(          )과 (          ), (          )은 스마트폰 사용에 대한 약속을 정하기 위해 아래와 같은 스마트폰 사용 계약서를 체결한다.

**제1조(목 적)** 이 계약은 (

).

예) 스마트폰을 사용하는 시간, 방법 등을 미리 정해서 가족 간 다툼이 발생하지 않게 하는 것이 목적이다.

**제2조(당사자)** 이 계약의 적용을 받는 당사자는 (          ), (          ), (          )으로 한다.

예) 나, 엄마, 아빠

**제3조(기간)** 계약의 기간은 202 . . .부터 202 . . .까지로 정한다.

예) '5학년부터 6학년까지'라고 정해도 좋다.

**제4조(사용 장소)** (          )은 스마트폰을 (          )에서만 사용할 수 있다. (          )은 학교, 학원의 수업 시간 중에는 스마트폰을 사용하지 않는다.

예) 방과 후 집에서, 학원 끝나고 버스에서 등

제5조(사용 시간) (          )은 하루에 스마트폰을 (     )시간 사용할 수 있다. 단, 주말이나 방학에는 (     )시간 더 사용할 수 있다.

제6조(금지행위) (          )은 스마트폰을 이용해 모르는 사람과 대화를 하거나 (          )의 이름이나 사는 곳 등의 정보를 함부로 알려줘서는 안 된다.

제7조(개인정보의 보호) (          ), (          )은 (          )의 사생활과 개인정보를 존중하고, (          )의 허락 없이 함부로 열어 보지 않도록 노력한다.

제8조(계약 위반) 계약의 당사자 중 이 계약의 약속을 어겼을 경우, (                              )해야 한다.

예) 용돈을 일주일간 받지 않는다.
예) 일주일간 용돈을 두 배로 줘야 한다.

이 계약의 당사자들은 위와 같이 스마트폰 사용 계약서를 체결하고, 성실하게 계약상의 의무를 이행할 것을 약속합니다.

스마트폰 사용자: (          )(인)
(          ): (          )(인)
(          ): (          )(인)

## 친구 사이에도 돈거래는 조심해야 해요

점심시간 이후, 나른해진 오후 시간이었어요. 평화로운 교실에서 갑자기 누군가 실랑이하는 소리가 들렸습니다.

"야, 박심술! 너 지난번에 나한테 5,000원 빌려 갔잖아. 그런데 왜 안 갚아?"

정의가 씩씩거리며 심술이에게 따지고 있었어요.

"내가 5,000원 빌려 간 건 맞는데, 그다음 주에 내가 너한테 떡볶이 사줬잖아. 그럼 쌤쌤 아니냐?"

심술이는 억울하다는 듯 정의의 주장을 받아쳤지요.

"무슨 소리야! 네가 돈이 필요하다고 해서 내 용돈에서 빌려준 거고, 떡볶이는 내가 사달라고 한 적도 없는데 그냥 네 맘대로 사 준 거잖아. 떡볶이로 빌려 간 5,000원을 퉁칠 순 없지!"

두 친구의 주장에는 나름대로 설득력이 있었어요. 옆에서 어쩔 줄 모르고 있던 평등이에게 갑자기 한 가지 아이디어가 떠올랐습니다.

"그럼 컵 떡볶이가 2,000원이니까, 심술이 너는 2,000원은 갚은 것으로 하고, 나머지 3,000원이라도 갚는 게 어때?"

"무슨 소리야. 나는 떡볶이 사 달라고 한 적이 없다니까? 왜 자기 마음대로 돈 대신 떡볶이로 갚는데!"

평등이의 제안에도 정의는 오히려 더욱 화가 났지요.

'초등학생들도 돈 앞에선 어른들과 다를 게 없네……. 이번 기회에 채권과 채무 관계에 대해 알려 줘야겠군! 리걸 마인드!'

### 이랑이가 알려 주는 채권과 채무

▶ **채권:** 채권이란 **채권자**가 채무자에게 일정한 행위(예: 돈을 달라)를 청구할 수 있는 **권리**를 말합니다.

▶ **채무:** 채무란 **채무자**가 채권자에게 일정한 행위(예: 돈을 줘야 할)를 하여야 할 **의무**를 말합니다.

※ 민법 제 3편 채권 관련 참조

'채권'은 눈에 보이지는 않지만 재산적 가치가 있는 권리예요. 예를 들어, 스마트폰이나 책상은 눈에 보이는 재산이지만 채권은 눈에 보이지는 않지만 재산적 가치가 있는 권리랍니다.

정의는 심술이에게 5,000원을 빌려줬어요. 그렇다면 정의에게는 심술이로부터 5,000원을 받을 '권리'가 생깁니다. 이러한 정의의 권리는 눈에 보이지는 않지만 재산적 가치가 있어요. 이러한 권리를 '채권'이라고 한답니다. 그리고 채권을 가지고 있는 사람을 '채권자'라고 표현할 수 있어요.

반대로 심술이는 정의에게 돈을 갚아야 할 '의무'가 있어요. 법적으로는 이러한 의무를 '채무'라고 표현합니다. 이러한 채무가 있는 사람을 '채무자'라고도 부릅니다. 그리고 이런 채권자와 채무자의 관계를 '채권·채무 관계'라고 불러요.

## 빌려간 돈을 갚지 않으면 어떻게 될까요?

채권과 채무에 대해 배웠음에도, 여전히 심술이와 정의는 문제를 해결하지 못하고 있었어요. 심술이가 돈을 제대로 갚지 않자, 결국 참지 못한 정의가 경고했지요.

"남의 돈을 빌려 놓고 갚지 않는 것은 범죄야! 너도 분명 기억하지? 내가 경찰에 신고하길 바라는 거야?"

"뭐라고? 무슨 소리야. 돈을 갚지 않는 죄 같은 건 없다고! 너야말로 형법을 제대로 안 배운 거 아니야?"

심술이는 자신도 억울하다는 듯 맞섰습니다. 둘의 실랑이를 보고 있던 평등이는 안절부절 어쩔 줄 몰라 했어요.

"심술아, 아무래도 정의의 말이 맞는 것 같아."

둘은 실랑이를 잠시 멈추고, 평등이의 말에 귀를 기울였어요.

"야, 네가 어떻게 그런 걸 알아?"

당황한 심술이가 물었고, 평등이는 조심스럽게 이야기를 이어 갔어요.

"사실 몇 달 전 이야기인데…… 아빠랑 엄마가 밤에 이야기하는 걸 들었거든. 빌려주고 받지 못한 돈 때문에 경찰에 신고하셨는데, 경찰에서는 범죄는 아니라고 도와줄 수 없다고 했다더라고……."

평등이의 이야기를 듣고 분위기가 숙연해졌어요. 심술이도 정의도 딱히 할 말을 찾지 못하는 눈치였지요. 이를 보다 못한 이랑이가 결국 나서게 되었어요.

"에이, 얘들아! 5,000원 때문에 우리 너무 심각해진 것 같아!"

'이번 기회에 민사소송에 대해 알아보자! 리걸 마인드!'

### 이랑이가 알려 주는 민사소송

- **민사소송**: 민법상 분쟁이 발생했을 때 법원에서 진행하는 소송을 뜻합니다.
- **원고**: 민사소송을 제기한 사람을 '원고'라고 합니다.
- **피고**: 민사소송을 당한 사람을 '피고'라고 합니다.

앞서 우리는 누군가가 범죄를 저지르면 수사기관이 '수사'를 하고, 이후 법원에서 '형사재판'을 받게 된다는 것을 배웠습니다. 이러한 절차를 '형사소송절차'라고 하지요. 그런데 법원에서는 이런 형사소송뿐만 아니라 '민사소송'도 진행한답니다. 민사소송은 민법상 권리·의무 관계에 대해서 다툼이 있을 때, 법원에서 소송을 통해 판결을 받는 절차를 뜻해요. 이때 법원에 소송을 제기한 사람을 '원고'라고 하고, 원고가 제기한 소송을 당한 사람을 '피고'라고 합니다.

이제 심술이와 정의의 상황으로 돌아가 봅시다. 심술이는 정의에게 5,000원을 갚을 의무가 있음에도 아직 돈을 갚지 않고 있죠. 만약 정의가 돈을 받기 위해 법원에 소송을 제기한다면 정의는 '원고'가 되는 것이고 심술이는 '피고'가 되는 것인데요, 이 과정은 앞서 말한 민사소송의 권리에 대한 다툼이기 때문에 그 행위가 '범죄'인지 따지는 것과는 다르답니다.

 ## 민사소송의 소장을 써 봐요

다음 소장은 정의가 심술이를 상대로 민사소송을 제기하였다고 가정하고 예시로 작성한 소장입니다. 이 소장을 참고해서, 새로운 소장을 작성하여 봅시다.

### 소장 예시

원고 이정의
피고 박심술

### 청구취지

> **청구취지**
> 소송을 통해 얻고자 하는 것을 한 문장으로 표현한 것이에요.

피고는 원고에게 5,000원을 지급하라.

> **청구원인**
> 어떤 이유로 피고가 원고의 청구를 들어줘야 하는지를 논리적으로 주장하는 부분이에요.

### 청구원인

① 피고는 2025. 5. 1. 원고에게 5,000원을 빌려가며, 다음 주까지 갚겠다고 약속했습니다.
② 그런데 피고는 일주일이 지난 이후에도 5,000원을 갚지 않았습니다.
③ 따라서 피고는 원고에게 5,000원을 지급해야 할 의무가 있습니다.

심술이는 2025. 6. 1. 평등이에게 장난감 1개를 일주일 안에 주겠다고 약속했음에도 약속을 지키지 않았습니다.

### 새로운 소장

원고 ( ①            )
피고 ( ②            )

### 청구취지

피고는 원고에게 (③                ) 지급하라.

### 청구원인

① 피고는 (④         ) 원고에게, 다음 주까지
   (⑤                   ) 약속했습니다.
② 그런데 피고는 일주일이 지난 이후에도 원고에게
   (⑥                   )하지 않았습니다.
③ 따라서 피고는 원고에게 (⑦          ) 지급해야 할 의무
   가 있습니다.

① 평등은 ② 심술은 ③ 뉴장난감 ④ 2025. 6. 1. ⑤ 장난감 한 개를 주기로 ⑥ 장난감 한 개를 지급 ⑦ 장난감 한 개를

정답

## 불법행위로 인한 피해, 누가 배상하나요?

활기찬 월요일 아침, 학생들은 옹기종기 모여 앉아 서로 주말에 있었던 일을 이야기하고 있었어요.

"평등아, 너 눈이 왜 그렇게 퀭해?"

정의가 피곤해 보이는 평등이를 걱정하며 물었어요.

"그러네? 평등이 너 어제 늦게까지 게임한 거 아냐?"

평등이의 눈 주변을 유심히 살피던 심술이가 역시 심술이다운 추측을 하며 물었지요.

"아니 그게 아니라, 잠을 제대로 못 자서 그래. 지난 달에 우리 집 위층에 새로운 가족이 이사를 왔는데, 어제는 늦은 밤인데도 자꾸 쿵쾅쿵쾅 시끄러운 소리가 들려서……."

평등이가 힘없는 목소리로 겨우 대답했어요.

"윗집에 찾아가서 조심해 달라고 말해야 하는 거 아니야?"

사연을 들은 정의는 자신의 일처럼 화를 내며 말했어요.

"부모님께서 이미 여러 번 찾아가셨는데, 고쳐지지 않더라고. 이젠 찾아가도 문도 안 열어 주고 아예 없는 척을 하신대."

"와! 그럼 차라리 같은 방법으로 복수를 하는 건 어때? 막대기로 천장을 마구 때리는 거야! 그러면 윗집도 똑같은 불편함을 느끼고 반성하겠지."

말도 안 되는 제안이었지만, 정의와 심술이는 서로 쳐다보며 웃었어요. 나름 좋은 아이디어라고 생각한 것처럼 보였지요.

"심술아, 그런 식으로 보복하면 범죄가 될 수 있어. 피해를 입었다고 피해를 입히면 어떡해! 올바른 방법을 찾아야지."

이랑이가 단호히 말했어요. 이랑이가 말하는 '올바른 방법'이 무엇인지 아이들은 감도 잡지 못하는 눈치였어요. 눈만 껌뻑이며 서로를 쳐다볼 뿐이었지요.

'그래, 이번 기회에 불법행위와 손해배상에 대해 알려 줄 필요가 있겠어. 리걸 마인드!

### 이랑이가 알려 주는 '불법행위'와 '손해배상'

▶ **불법행위:** 고의 또는 실수로 타인에게 위법한 가해행위를 하여 손해를 끼치는 행위를 뜻합니다.

▶ **손해배상 책임:** 타인에게 불법행위를 해서 손해가 발생할 경우, 그 손해를 배상해 줘야 할 법적인 책임이 발생합니다.

※ 민법 제750조 관련

여러분, 도로에서 자동차끼리 부딪히는 교통사고를 본 적 있나요? 만약 어떤 운전자의 잘못으로 사고가 났다면, 그 운전자는 법적으로 잘못을 저지른 것(불법행위)이 되고, 피해를 입은 사람에게 생긴 손해를 배상해야 해요. 예를 들어, 피해자가 자동차를 수리하는 비용이나 병원에 가서 치료받는 비용이 이에 해당돼요.

**배상**
남의 권리를 침해한 사람이 그 손해를 물어 주는 일을 말해요.

또 다른 예로, 장난을 좋아하는 심술이가 계단에 서 있던 평등이를 밀어서 평등이가 넘어졌다고 상상해 봅시다. 이때 심술이는 고의든 실수든 평등이를 다치게 했기 때문에 불법행위를 한 것이에요. 그러면 평등이가 입은 손해는 무엇일까요?

평등이가 크게 다쳐 병원에 갔다면 진료비와 치료비가 필요했을 거예요. 또한 다친 순간에 느꼈던 무서움이나 치료 과정에서 겪은 정신적인 고통도 포함될 수 있어요. 이런 경우, 심술이는 평등이에게 발생한 신체적·정신적 손해를 모두 배상해야 해요.

## 층간소음, 어느 정도부터 문제가 될까?

이랑이와 친구들은 평등이가 겪는 층간소음 문제를 해결하기 위해 선생님께 도움을 요청했어요. 선생님은 층간소음이 왜 생기는지, 어떻게 해결할 수 있는지 함께 이야기해 보자고 하셨지요.

"저는 층간소음을 내는 행위를 범죄처럼 취급해서, 층간소음을 낸 사람들에게 벌금을 내게 했으면 좋겠어요!"

심술이가 손을 번쩍 들며 의견을 냈어요.

"하지만 고의로 시끄럽게 한 게 아닐 수도 있잖아. 만약 아파트 벽이 너무 얇게 지어졌다면 어쩔 수 없는 문제 아닐까?"

정의가 심술이의 의견에 반박하며 나섰어요.

두 친구가 의견을 주고받는 동안, 선생님은 의미심장한 미소를 지었어요.

"정의의 말을 들어 보니 억울한 경우도 있을 것 같아요. 그리고 집에서는 걸어 다니는 게 당연하니까 생활 소음은 어느 정도 날 수밖에 없지 않을까요?"

평등이가 정의의 말에 공감하자, 이번에는 선생님이 중요한 질문을 던지셨어요.

"그렇다면, 문제가 되는 층간소음과 어쩔 수 없는 층간소음을 어떻게 구별할 수 있을까?"

아이들은 각자 생각에 잠겼어요.

"소리의 크기나 소리가 나는 시간을 기준으로 정하면 어떨까요? 아무래도 밤에는 더 조용해야 하니까요!"

곰곰이 생각하던 평등이가 조용히 대답했어요. 이랑이는 평등이의 대답을 듣고 생각했어요.

'역시 평등이는 자기 경험에서 나온 답이라 그런지 고민의 깊이가 다르구나. 이번 기회에 우리 모두 층간소음에 대한 기준을 배우면 좋겠어. 리걸 마인드!'

우리나라의 주거

### 이랑이가 알려 주는 층간소음 관련 법

▶ **소음·진동 관리법:** 이 법에서는 소음·진동을 적정하게 관리해서 모든 국민이 조용하고 평온한 환경에서 생활할 수 있는 내용을 정하고 있습니다.

▶ **공동주택 층간소음의 범위와 기준에 관한 규칙:** 이 규칙에서는 층간소음의 기준을 주간(06:00 ~ 22:00)과 야간(22:00 ~ 06:00)으로 나누어 소음의 정도를 정하고 있습니다.

형태는 아파트나 빌라처럼 여러 사람이 함께 모여 사는 경우가 많아요. 그래서 어느 정도의 소음은 생길 수밖에 없답니다. 하지만 사람마다 소음에 대해 민감한 정도가 다르기 때문에 다툼이 생길 수도 있어요. 그래서 법에서는 어떤 정도의 층간소음이 '불법행위'가 될 수 있는지 기준을 정해 놓았어요.

여러분, 소리를 측정하는

단위가 dB(데시벨)인 것을 알고 있었나요? 〈공동주택 층간소음의 범위와 기준에 관한 규칙〉에서는 주간에 1분 동안 계속해서 39dB을 초과하는 소음이 들리거나, 연속하지 않더라도 한 시간 동안 최고 소음이 57dB을 세 번 이상 초과하는 경우 층간소음이라고 규정하고 있습니다. 사람들이 잠을 자는 야간에는 그것보다 더 낮은 기준을 적용합니다. 1분 동안 계속해서 34dB을 초과하는 소음이 들리거나, 연속하지 않더라도 한 시간 동안 최고 소음이 52dB을 세 번 이상 초과하는 경우에 층간소음이라고 봅니다.

그렇다면 층간소음은 어떻게 측정할까요? 피해를 주장하는 사람이 집에서 직접 측정할 수도 있어요. 하지만 더 공정한 방법으로 하려면 '층간소음 이웃사이센터'나 '중앙환경분쟁조정위원회' 같은 기관에 도움을 요청할 수 있어요.

소음을 측정해서 위 기준을 넘는 층간소음이 확인되면, 피해를 입은 사람은 보상을 요구할 수 있답니다.

## 손해에는 세 가지 종류가 있어요

평등이의 가족은 층간소음을 정확하게 측정해 보기 위해 '층간소음 이웃사이센터'에 도움을 요청했어요. 그 결과, 법에서 정한 기준을 훌쩍 넘는 58dB의 소음이 측정되었지요. 평등이가 잠을 잘 수 없었던 것은 예민해서가 아니라, 실제로 소음의 정도가 심했기 때문이라는 것이 밝혀진 것이지요.

결국 평등이의 부모님은 층간소음 피해에 대한 손해배상 청구를 진행하기로 결정했어요. 평등이도 부모님의 결정에 동의했지만 궁금한 점이 생겼어요.

"부모님께서 층간소음 피해에 대한 배상을 요구하신다는데, 그 '손해'라는 건 어떤 손해를 말하는 거지?"

궁금증을 해결하기 위해 평등이는 친구들이 있는 단톡방에 질문을 올렸어요.

"그러게, 우리가 전에 민사소송 소장을 써 봤을 때는 빌려 간 돈처럼 액수가 딱 정해져 있었잖아?"

정의가 바로 답글을 달았어요.

"이건 이랑이가 잘 알걸? 임이랑 변호사님, 빨리 답글 달아주세요!"

심술이는 이랑이가 이런 분야에 지식이 많다는 걸 알고는 '변호사'라는 별명을 붙이며 재촉했어요. 이랑이는 '변호사'라는 말에 순간 깜짝 놀랐지만, 어떻게 설명해야 할지 고민에 빠졌어요.

'어휴! 손해배상 청구에서 말하는 **손해 삼분설** 같은 걸 애들한테 설명할 수도 없고…… 이걸 어떻게 해야 하나?'

> **손해 삼분설**
> 법에서 손해배상을 요구할 때 사용하는 세 가지 기준이에요.

잠시 고민하던 이랑이는 자연스럽게 잘 모르는 척하면서 인터넷에서 누리집 링크를 하나 복사해 단톡방에 공유했어요.

"내가 인터넷에서 어떤 판결문을 찾았는데, 여기 보니까 원고(피해를 주장하는 사람)가 자신이 입은 손해를 세 가지로 나눠서 청구하고 있더라. 이걸 참고하면 평등이네 가족이 어떤 피해를 입었는지 짐작할 수 있을 거야."

"와! 역시 이랑이는 대단해!"

친구들은 이랑이가 공유한 자료를 보고 감탄하며 이모티콘을 잔뜩 보냈어요. 이랑이는 속으로 안도하며 생각했어요.

'후, 자연스러웠다, 오늘도! 리걸 마인드!'

### 이랑이가 알려 주는 손해의 세 가지 종류

▶ **적극적 손해**: 불법행위로 인해 직접적으로 발생한 손해를 뜻합니다.
▶ **소극적 손해**: 불법행위 때문에 '놓쳐버린 손해'입니다. 불법행위로 인해 원래 얻을 수 있던 이익을 얻지 못하게 된 손해입니다.
▶ **정신적 손해**: 불법행위로 입은 '정신적 고통'에 대한 손해입니다. 다른 말로는 '위자료'라고도 합니다.

*민법 제750조, 민법 제751조

'적극적', '소극적'이란 말이 조금은 어려울 수 있습니다. 그러나 용어 자체를 꼭 기억할 필요는 없고, 어떤 종류의 손해가 있는지만 이해할 수 있다면 그것으로 충분합니다.

여러분이 쉽게 이해할 수 있는 사례를 들어 보겠습니다. 평소 편의점에서 아르바이트를 하는 학생 홍길동은 길을 걸어가던 중 신호를 위반한 오토바이에 치여 크게 다치게 되었습니다. 이때 홍길동은 병원에 입원해 수술을 받아야 할 수도 있고, 입원과 수술에는 비용이 발생합니다. 이러한 비용이 바로 '적극적 손해'에 해당합니다. 오토바이의 불법행위로 인해 직접적으로 발생한 손해인 것이지요.

그런데 입원이나 수술비용과는 별개로, 홍길동이 치료 기간 중 아르바이트를 할 수 없는 손해도 발생합니다. 즉, 홍길동이 병원에 입원해 있는 동안, 원래 벌 수 있었던 아르바이트 비용을 벌 수 없게 되는 손해가 발생하는 것이지요. 이런 유형이 바로 '소극적 손해'에 해당한답니다.

끝으로 정신적 손해는 말 그대로 정신적 고통으로 인한 손해를 말합니다. 홍길동은 교통사고를 당하는 과정에서 너무 크게 놀란 나머지 앞으로 오토바이만 보면 무섭게 느껴지는 등 정신적으로 큰 고통을 받을 수 있습니다. 그리고 치료 과정의 고통이나 약물의 부작용 등으로 심리적인 피해를 입을 수도 있습니다. 이런 유형의 피해와 손해를 '정신적 손해'라고 하며, 법조인들은 '위자료'라는 표현도 자주 쓴답니다.

## 과제활동 어떤 유형의 손해인지 분류해 봐요

도전! 제시된 다양한 손해의 종류를 비슷한 종류끼리 묶어 봅시다.

- 교통사고로 찌그러진 차 수리비
- 폭행으로 다친 상처의 치료비
- 학교폭력으로 인한 스트레스
- 병원에 입원하는 동안 벌지 못한 돈
- 공에 맞아 안경이 깨짐
- 팔에 깁스를 해서 아르바이트를 못 감
- 층간소음으로 잠을 못 자 우울함

**적극적 손해**

**소극적 손해**

**정신적 손해**

**정답**

적극적 손해: 교통사고로 찌그러진 차 수리비, 폭행으로 다친 상처의 치료비, 공에 맞아 안경이 깨짐

소극적 손해: 병원에 입원하는 동안 벌지 못한 돈, 팔에 깁스를 해서 아르바이트를 못 감

정신적 손해: 학교폭력으로 인한 스트레스, 층간소음으로 잠을 못 자 우울함

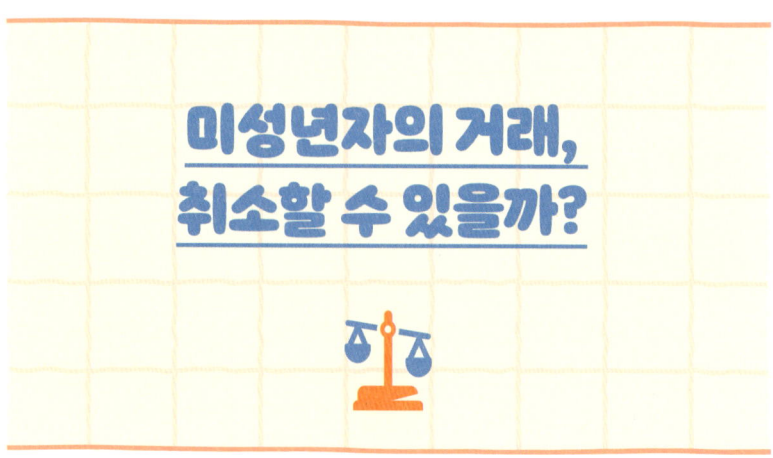

# 미성년자의 거래, 취소할 수 있을까?

## 부모님 몰래 게임기를 살 수 있을까

정의에게 정말 가지고 싶은 게임기가 생겼어요. 예전에 심술이네 집에 놀러 갔다가 해 본 게임기인데, 너무 갖고 싶어서 잘 때도 눈앞에 어른거릴 정도였지요.

"엄마, 저 게임기 하나 사 주시면 안 돼요?"

정의는 여러 번 부모님께 게임기를 사 달라고 졸라 봤지만, 부모님은 초등학생에게 사 주기에는 너무 비싸다며 거절하셨어요.

그러던 어느 날, 정의는 학원 근처 게임 판매 매장에서 새로운 게임기가 출시된다는 광고를 보게 되었어요. 광고에는 미리 선주문을 하면 다음 주에 받아 볼 수 있다고 나와 있었지요.

"아저씨, 게임기를 미리 주문하려면 어떻게 해야 해요?"

정의는 게임 매장에 들러 사장님께 여쭤봤어요.

"예약금으로 5만 원을 내고 주문한 다음, 게임기를 실제로 가져갈 때 나머지 50만 원을 내면 된단다."

사장님께서 친절하게 설명해 주셨어요.

"그럼 제가 용돈으로 모아둔 5만 원이 있는데, 이걸 드릴 테니 미리 주문 좀 해 주세요!"

게임기를 구매할 생각에 신난 정의는 한껏 흥분된 목소리로 말했어요. 그러고는 마음속으로 이렇게 생각했지요.

'내 용돈으로 먼저 주문을 해 버리면, 부모님도 어쩔 수 없이 허락하시겠지?'

"정의야! 너 여기서 뭐 해?"

정의가 본인의 잔꾀에 만족하며 혼자 기뻐하고 있을 때쯤, 지나가던 이랑이가 게임 매장으로 들어와 물었어요.

"나 게임기를 미리 주문하려고 예약금을 냈어. 일단 예약부터 하고 게임기를 받을 때 부모님께 말씀드리려고!"

정의의 말을 들은 이랑이는 깜짝 놀랐어요.

'정의야, 너답지 않게 왜 그래……. 미성년자는 법정대리인의 동의 없이 그런 비싼 물건을 살 수 없다고! 리걸 마인드!'

### 이랑이가 알려 주는 미성년자의 행위능력

▶ **미성년자:** 민법상 만 19세 미만은 미성년자입니다.
▶ **미성년자의 능력:** 미성년자가 계약을 할 때는 법정대리인의 동의를 얻어야 합니다. 그러나 권리만을 얻거나 의무만을 면하는 행위는 법정대리인의 동의 없이도 할 수 있습니다. 만약 미성년자가 법정대리인의 동의 없이 계약을 할 경우, 이는 취소할 수 있습니다.

※ 민법 제4조, 제5조 참조

원칙적으로 미성년자는 혼자서 계약을 할 수 없어요. 민법에서는 아직 어린 미성년자를 보호하기 위해, 미성년자가 법률행위를 자유롭게 할 수 없도록 정해 두었답니다.

예를 들어, 초등학생이 도박에 빠져 누군가로부터 100만 원을 빌렸다고 생각해 볼까요? 만약 미성년자가 자유롭게 계약을 할 수 있다면, 초등학생은 그 100만 원을 갚아야겠지요. 하지만 다행히도, 우리 민법에서는 미성년자가 부모님(법정대리인)의 허락 없이 한 계약은 취소할 수 있도록 정해 두고 있어요. 그래서 초등학생이 부모님의 동의 없이 100만 원을 빌린 것은 나중에 취소할 수 있답니다.

하지만 모든 경우에 부모님의 허락이 필요한 건 아니에요. 미성년자가 어떤 행동을 했을 때, 그 행동으로 인해 좋은 점만 얻고, 불리한 점은 없어지는 상황에서는 부모님의 허락이 필요하지 않아요. 예를 들어, 아무 조건 없이 100만 원을 받는 것이나, 100만 원의 빚을 없애 주는 계약은 미성년자에게 이익만 되는 일이기 때문에 부모님의 동의가 필요 없답니다.

## 미성년자도 아이스크림은 살 수 있어요

여름방학을 앞두고 있던 어느 무더운 여름날이었습니다. 친구들은 학교 앞 편의점에서 아이스크림을 사 먹기로 했지요.

"우리 가위바위보를 해서, 진 사람이 나머지 친구들 것까지 다 사 주는 거 어때?"

"좋아. 재밌을 것 같아!"

심술이가 신나는 목소리로 제안했고, 친구들 모두 심술이 의견에 찬성했어요.

"자 그럼, 안 내면 아이스크림 사기! 가위! 바위! 보!"

"으악!!"

심술이가 머리를 움켜쥐며 소리쳤어요. 내기를 하자고 제안한 사람이 걸리는 건 늘 있는 일이지요.

"애들아. 어떻게 한 사람이 네 명에게나 아이스크림을 사 줄 수 있니? 너희들 미성년자는 함부로 물건 못 사는 거 몰라? 난 엄마가 허락하시기 전까지 아이스크림 못 사 줘!"

먼저 내기를 하자고 했던 심술이는 눈물까지 글썽이며 말했습니다.

"아니, 심술아. 네가 먼저 내기하자고 했잖아. 만약 내가 걸렸다면 너는 얼른 아이스크림 사 달라고 하지 않았을까?"

갑자기 말을 바꾸는 심술이에게 정의가 볼멘소리로 말했어요.

"나는 사 주고 싶어도 미성년자라서 못 사 준다고!"

심술이는 계속 떼를 쓰고 있었어요. 배운 내용을 기억하는 건 좋지만, 꼭 저렇게까지 해야만 했을까요? 친구들 모두 어이없는 표정을 지으며 심술이를 노려봤지요.

'어휴, 심술이는 하루도 조용한 날이 없구나. 그래, 이번 기회에 미성년자의 물품 구매에 대해 알려 줘야겠군. 리걸 마인드!'

### 이랑이가 알려 주는 미성년자가 할 수 있는 행위

▶ **범위를 정해서 처분을 허락한 재산:** 법정대리인(부모님)이 '이 범위까지는 네가 스스로 처리해도 된다.'라고 범위를 정하여 처분을 허락한 재산은, 미성년자가 부모님의 동의 없이 쓰거나 팔 수 있습니다.

※ 민법 제6조 참조

**처분**
처리하여 치우는 것을 말해요.

우리는 앞서 미성년자는 법정대리인(부모님)의 동의 없이 법률행위를 할 수 없다는 내용을 배웠어요. 그러나 미성년자라고 해서 아이스크림 하나도 마음대로 못 사는 것은 아니에요. 미성년자라도 부모님이 범위를 정해서 처분을 허락한 재산은 마음대로 사용할 수 있답니다.

부모님이 용돈으로 1만 원을 주셨다면, 그 1만 원은 여러분 마음대로 사용해도 되는 돈이에요. 따라서 "미성년자라서 아이스크림을 못 사 줘!"라는 심술이의 말은 핑계에 불과하답니다.

그렇다면 정의가 예약구매한 게임기는 어떻게 될까요?

정의가 모아둔 용돈 5만 원을 어떻게 쓸지는 정의의 자유입니다. 하지만 문제는 게임기의 가격이 5만 원이 아니라 55만 원이었다는 점이에요. 정의는 50만 원이 없으면서도, 일단 게임기를 주문했어요. 나중에 게임기가 오면 부모님이 어쩔 수 없이 사 주실 거라고 생각했지요.

　하지만 정의의 부모님은 정의가 55만 원짜리 게임기를 사도 된다고 허락한 적이 없어요. 따라서 정의는 부모님이 처분을 허락한 용돈의 범위(5만 원)를 넘어서 비싼 게임기를 주문한 것이지요. 결과적으로, 이런 게임기 구매 계약은 취소할 수 있답니다.

　이제 여러분은 미성년자의 행위능력에 대해 배웠으니, 정의와 같은 실수를 하지 않겠지요?

**과제활동** **어떤 물건까지 살 수 있을까요?**

여러분이 생각했을 때, 초등학교 고학년은 어떤 물건까지 부모님의 허락 없이 살 수 있을까요? 자신이 살 수 있을 것 같은 물건과 살 수 없을 것 같은 물건을 한 가지씩 골라보고, 그 이유도 함께 적어 봅시다.

- 노트북
- 연필
- 삼각김밥
- 아이패드
- 옷
- 농구공
- 휴대폰
- 포토카드

**살 수 있는 것:**

이유:

**살 수 없는 것:**

이유:

### 할머니 댁 복숭아나무

여름방학이 시작된 무더운 7월의 어느 날, 정의는 할머니 댁에 놀러 갈 생각에 잔뜩 들떠 있었어요. 정의는 매년 여름방학마다 할머니 댁에 놀러 가서 물놀이도 하고, 마당에 있는 복숭아를 마음껏 따먹으며 즐겁게 보냈기 때문이지요.

'올해도 실컷 복숭아를 먹고 싶어!'

할머니 댁에 도착하자마자 마당으로 들어온 정의는 복숭아나무를 보고 조금 놀랐어요. 작년보다 훨씬 크게 자란 복숭아나무의 가지 일부가 옆집 마당으로 넘어가 있었기 때문이에요. 하필이면 탐스럽게 열린 복숭아들도 옆집 쪽 가지에 주렁주렁 열려 있었지요.

'어쩔 수 없이 옆집에 다녀와야겠는데……'

정의는 바구니를 챙겨 옆집으로 가 초인종을 눌렀어요.

"딩동!"

그러자 중학생쯤 되어 보이는 한 여학생이 나와서 물었어요.

"누구세요?"

"안녕하세요? 저는 옆집 할머니 댁 손자예요. 죄송하지만, 복숭아를 좀 따 가려고 왔습니다."

정의가 한껏 공손한 말투로 말했어요.

"응? 우리 집으로 넘어온 복숭아를 가져간다고?"

문 뒤에서 여학생이 퉁명스럽게 대답했습니다.

"네. 마당에서 나뭇가지가 그쪽으로 많이 넘어가서 거기에서 열매를 따서 가져가야 할 것 같아요."

정의는 다시 한 번 침착하게 설명했지요.

"글쎄……. 나도 할아버지 댁에 오랜만에 와서 잘은 모르겠지만. 확실히 알기 전까지 마당에 들어오게 할 수는 없을 것 같아."

옆집 손녀딸은 정의의 말에 동의하지 않는 듯, 문을 열어 주지 않고 휙 돌아가 버렸어요. 정의는 어쩔 수 없이 마당으로 돌아와 몇 개 안 되는 열매만 겨우 딸 수 있었지요.

"애들아, 내가 오늘 무슨 일이 있었냐면……."

정의는 억울했는지, 채팅방에 복숭아나무의 사진과 함께 사연을 쏟아내기 시작했어요. 메시지를 확인한 이랑이는 이 상황이 웃기면서도 정의가 걱정되었지요.

'이런, 이건 현대판 오성과 한음이군. 이 기회에 아이들에게 물권에 대해 정확히 설명해 줘야겠어. 리걸 마인드!'

### 이랑이가 알려 주는 물권

▶ **물권**: 물건을 직접 지배하는 **권**리입니다.
▶ **소유권**: 물건을 사용하고, 쓰고, 팔 수 있는 권리입니다.
▶ **원물**과 **과실**: 천연과실(열매)은 그 원물(나무)로부터 분리하는 때에 원물의 소유자가 취득할 수 있습니다.

※ 민법 제101조, 제102조, 제2편 물권 참조

**원물**
어떤 이익을 얻을 수 있는 근원이 되는 물건(예: 우유에 대하여 젖소, 과일에 대하여 나무)입니다.

**과실**
원물에서 생기는 이익(예: 젖소에서 나오는 우유, 나무에 열리는 과일)을 말해요.

여러분은 오성과 한음의 이야기를 들어 본 적이 있나요? 오성 이항복의 집에는 큰 감나무가 하나 있었는데, 가지가 옆집 권 대감 댁으로 넘어가 있었지요. 그런데 권 대감 댁 하인들이 자신들 담 쪽으로 넘어온 감을 따지 못하게 해서, 어린 오성이 직접 권 대감을 찾아가 해결하는 일화입니다. 조선시대에는 민법이 없었으니, 오성과 같은 방법으로 문제를 해결해야 했겠지만, 오늘날은 이러한 분쟁으로 걱정할 필요가 없습니다. 민법은 이미 정답을 다 정해 두었거든요.

여러분은 앞서 채권에 대해 배웠던 것을 기억하고 있나요? 채권이란 우리 눈에 보이지는 않지만, 채권자와 채무자가 약속을 통해 법률관계를 정한 것이었지요. 이번에 알아볼 '물권'은 채권과 달리 우리 눈에 보이는 물건들에 대한 권리를 뜻하는 말입니다. 대표적으로 어떤 물건의 주인이 가지는 권리인 '소유권'이 있지요. 정의의 할머니는 복숭아나무의 '소유권자'이므로 나무를 사용하고, 나무에서 나오는 열매를 갖고, 또 나무를 다른 사람에게 판매할 수 있는 권리를 가지고 있습니다.

그리고 민법에서는 나무에서 나오는 열매는 나무의 소유권자가 **취득**한다고 미리 법을 정해 두었기 때문에, 옆집과 다툴 필요가 전혀 없습니다. 법적으로 복숭아 열매는 정의 할머니의 소유입니다.

**취득**
자기 것으로 만들어 가지는 것을 말해요.

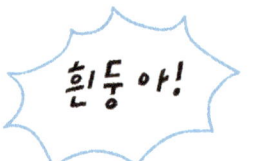

## 흰둥이를 잃어버렸어요

평등이는 거의 매일 저녁 부모님과 함께 반려견 흰둥이를 산책시키고 있어요. 그런데 오늘은 부모님 퇴근 시간이 늦어져서 평등이 혼자 흰둥이를 산책시키고 있었지요.

흰둥이와 평화롭게 공원을 걷던 평등이는 운동화 끈이 풀린 것을 보고 잠시 자리에 멈추어 운동화 끈을 묶고 있었고, 잠시 리드 줄을 땅바닥에 내려놓았어요.

"멍!멍!"

그런데 흰둥이가 갑자기 짖으며 어디론가 빠른 속도로 뛰쳐가버렸어요! 평등이는 흰둥이를 금방 찾을 수 있을 줄 알았지만, 흰둥이는 온데간데없었습니다.

결국, 그날 평등이는 두 시간 넘게 공원 주변을 돌며 흰둥이를 찾았지만, 끝내 찾을 수 없었답니다. 다급해진 평등이는 부모님과 함께 전단지를 만들어 며칠 동안 흰둥이를 찾아다녔고, 이랑이와 친구들도 흰둥이를 찾는 일을 도와주었어요.

그러던 어느 날이었어요. 친구들은 여느 때처럼 공원 주변을 돌아다니며 흰둥이를 찾고 있었어요. 그때 정의가 먼저 강아지 한 마리를 발견했어요.

"어? 평등아, 저 강아지 흰둥이 아니야?"

"맞아! 흰둥이 맞는 것 같아!!"

평등이는 흰둥이를 알아보고 한걸음에 달려갔습니다.

"어머, 학생! 이게 뭐 하는 거야?"

흰둥이와 산책 중이던 아주머니가 깜짝 놀라며 말했어요.

"아주머니, 이 강아지는 저희 집 강아지 흰둥이에요. 제가 며칠 전에 잃어버렸어요."

평등이는 터질 듯한 눈물을 꾹꾹 참으며 겨우 말했어요.

"그게 무슨 소리니? 나는 온라인 거래로 돈을 주고 강아지를 산 건데……."

아주머니는 흰둥이를 돌려줄 생각이 없어 보였지요.

"아주머니, 흰둥이가 물건도 아닌데 어떻게 사고팔아요? 그리고 흰둥이는 저희 강아지니까 다른 사람이 팔면 안 되는 거잖아요!"

결국, 울음을 참지 못한 평등이가 엉엉 울면서 소리쳤습니다.
'큰일이네. 이러다 어른들 싸움으로까지 번지겠어. 리걸 마인드!'

### 이랑이가 알려 주는 동산과 부동산

▶ **동산**: 물건 중 움직일 수 있는 물건을 '동산'이라고 합니다.
▶ **부동산**: 물건 중 움직일 수 없는 물건, 토지 등을 '부동산'이라고 합니다.

※ 민법 제99조 참조

아주머니는 흰둥이를 온라인 거래로 돈을 주고 샀다고 하셨는데, 이게 어떻게 가능할까요? 법적으로 물권의 대상이 되는 '물건'은 '동산'과 '부동산'으로 나뉜답니다. 동산은 움직이는 모든 물건을 말합니다. 예를 들어, 핸드폰, 컴퓨터, 자동차 같은 것들이 동산에 해당합니다. 부동산은 움직이지 않는 물건입니다. 대표적으로 토지가 있고, 토지 위에 단단히 건축되어서 움직이지 않는 건물도 부동산에 해당한답니다.

흰둥이와 같은 반려동물은 살아있는 생명체이고 평등이에게는 가족이나 마찬가지이지만, 법적으로는 동산에 해당합니다. 움직이는 것이고 누군가 소유할 수 있는 것이니까요. 그렇다면 아주머니가 주장하는 것처럼 동산인 흰둥이를 돈을 주고 구매했다면, 아주머니가 흰둥이의 소유권을 취득했다고 볼 수 있는 것입니다.

따라서 평등이가 주장하는 것처럼 반려동물의 거래는 불법이 아니라, 다른 물건의 거래처럼 합법적인 행위라고 보아야 합니다.

## 흰둥이는 주인에게 돌아갈 수 있을까?

결국 평등이는 흰둥이를 돌려받지 못했어요. 그날 이후부터 평등이는 걱정이 많아지기 시작했지요. 흰둥이를 '물건'으로 보고 누군가가 돈을 주고 팔았다는 사실도 충격이었지만, 흰둥이에 대한 소유권이 아주머니께 있다는 게 더 힘들게 느껴졌어요.

친구들은 학교에서 모일 때마다 평등이를 도와줄 방법을 찾으려고 함께 고민했어요.

"평등아, 그냥 그 아주머니를 경찰에 신고하자! 흰둥이를 마음대로 가져가셨잖아!"

심술이가 평등이만큼 속상했는지 가장 먼저 의견을 냈어요.

"그런데 아주머니가 흰둥이를 훔쳐 갔다면 범죄겠지만, 아주머니도 누군가한테 돈을 주고 샀다고 하셨다며? 그럼 범죄는 아니니까 경찰이 도와줄 수 없는 거 아닐까?"

정의가 걱정스러운 듯 심술이의 말에 반박했어요.

'와! 정의는 지금까지 배운 내용을 제대로 기억하고 있구나!'

이랑이는 정의가 상황을 잘 이해하고 있는 게 기특했어요. 그러면서도 참다못해 평등이에게 새로운 제안을 했지요.

"경찰서에 가면 범죄 신고만 하는 게 아니라, 무료로 법률 상담을 해 주는 변호사님들이 계시대. 그분들께 여쭤보면 좋은 방법을 알려 주실지도 몰라!"

이랑이는 평등이를 직접 도와주고 싶었지만, 조금 더 안전한 방법을 선택했어요.

"경찰서에서 도와준다니까 정말 든든하다! 오늘 당장 가 보자!"

다시 힘을 얻은 듯 평등이의 눈이 반짝였어요.

### 이랑이가 알려 주는 선의취득과 도품 유실물 특례

▶ **선의취득:** 판매자가 진짜 소유권자라고 믿고 동산을 구매한 사람은 그 물건의 소유권을 가지게 됩니다. 선의로(모르고) 물건을 구입한 사람을 보호하기 위한 법입니다.

▶ **도품, 유실물의 특례:** 만약 도둑맞은 물건이나, 잃어버린 물건을 산 경우라면 선의취득의 예외가 적용됩니다. 원래 물건의 소유자는 도둑맞거나 잃어버린 후로부터 2년 내에 선의로 물건을 구입한 사람에게 반환 청구를 할 수 있습니다. 이때, 물건을 산 사람이 돈을 지급했다면, 원래 소유자는 그 돈을 변상해 주고 반환 청구를 할 수 있습니다.

※ 민법 제249~251조 참조

민법에는 '선의취득'이라는 법이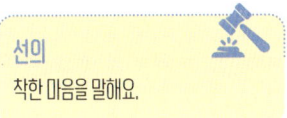
있어요. 이게 무슨 뜻이냐면, 어떤 사
람이 물건을 샀는데 이 물건을 판 사
람이 진짜 주인이 아니라는 걸 모른 채(이걸 '선의'라고 해요) 물건을 샀다면, 그 물건의 주인이 될 수 있다는 거예요. 왜 이런 법이 있을까요?

강아지나 자전거 같은 동산은 주인의 이름이 적혀 있지 않아서 누가 주인인지 알기 어렵고, 쉽게 사고팔 수 있어요. 그래서 물건을 사는 사람이 판매자를 믿고 거래할 수 있도록 보호하려는 거예요. 만약 물건을 샀는데 진짜 주인이 나타나서 계속 돌려달라고 하면, 중고 거래는 아예 못 하게 될 수도 있겠지요.

흰둥이를 산 아주머니도 흰둥이가 판매자의 개가 아닌 걸 몰랐어요. 그리고 이미 돈도 지불했지요. 하지만 평등이 입장에서는 흰둥이가 원래 자기 강아지니까 돌려받고 싶어 하는 게 당연해요. 그래서 민법은 이런 경우, 평등이가 흰둥이를 돌려받을 수 있도록 하지만, 아주머니에게 돈을 보상해 주라고 하고 있어요. 왜냐하면 아주머니가 거래에서 피해를 보지 않도록 하기 위해서지요. 어떤가요? 나름대로 공평한 해결 방법 아닌가요?

(과제활동) **미래의 동산과 부동산은?**

동산과 부동산은 시대에 따라 바뀌어 왔어요. 과연 미래에는 어떤 동산과 부동산이 있을지, 여러분의 상상력을 마음껏 펼쳐 보세요!

**과거**
- 동산: 예) 호미, 가마, 짚신, 한복
- 부동산: 예) 초가집, 기와집, 궁전

**현재**
- 동산: 예) 휴대폰, 노트북, 아이패드, 피구공
- 부동산: 예) 학교, 아파트, 백화점

**미래**
- 동산:
- 부동산:

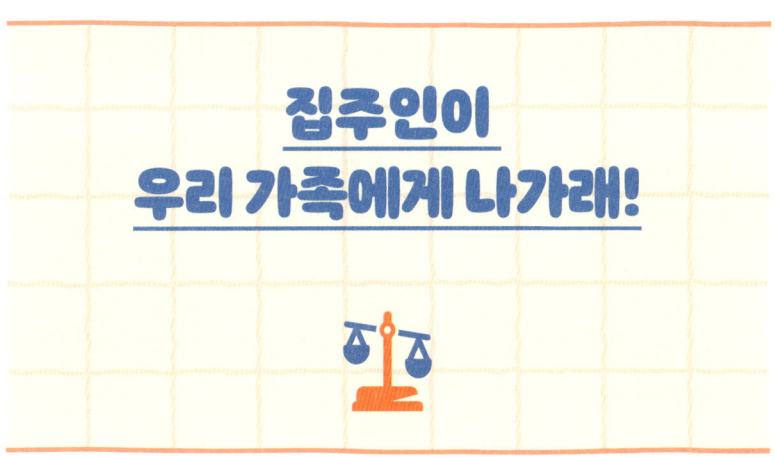

# 집주인이 우리 가족에게 나가래!

## 주거의 형태는 다양해요

 여름방학이 끝나갈 무렵 친구들은 정의네 집에 모여서 보드게임을 하기로 했어요. 정의네 집은 항상 시원했고, 벽에 액자 하나 걸려 있지 않은 깨끗한 거실이 있어 함께 놀기 좋았지요.
 "정의야, 그런데 왜 너희 집엔 가족사진 같은 게 없어?"
 사진 하나 걸려 있지 않은 거실 벽을 보며, 평등이가 물었어요.
 "아, 그건 이 집주인이 벽에 못을 박지 못하게 하셨다네?"
 "엥? 이 집에 주인이 따로 있어? 그러면 너희 집이 아닌데 어떻게 여기 살아? 그리고, 집이 없는 사람도 있나?"
 심술이가 이해할 수 없다는 듯 되물었지만, 정의는 마치 자신의 가족이 '집이 없는 가족'이 된 것 같은 부끄러움에 얼굴이 빨갛게 달아올랐어요.

'어휴! 박심술은 오늘도 또 사고를 치는구나……'

정의의 표정을 눈치챈 이랑이는 다양한 주거 형태에 대해 설명을 해야 하나 고민했지요. 그때였어요.

"애들아. 모든 사람이 집을 소유하는 것은 아니야. 세상엔 월세, 전세, 매매 등 다양한 주거 방식이 있거든."

당황하는 정의 대신, 정의의 어머니께서 과일을 가져다 주시며 친절하게 설명해 주셨습니다.

**임대**
돈이나 일정한 대가를 받고 자기 물건, 주택 등을 다른 사람에게 빌려주는 것이에요.

'휴……. 어머니께서 기분 나쁘게 생각하지 않으셔서 다행이야. 이번 기회에 **임대**차에 대해 자세히 설명해 줘야겠다. 리걸 마인드!'

### 이랑이가 알려 주는 월세, 전세, 매매

▶ **월세:** 매월 정해진 돈을 집주인에게 지급하는 형태의 계약을 뜻합니다.
▶ **전세:** 한 번에 큰돈을 집주인에게 맡겼다가, 집에서 이사 나올 때 다시 돌려받는 형태의 계약을 뜻합니다.
▶ **매매:** 주택을 구입해 소유권을 취득하는 계약을 뜻합니다.

우리는 앞에서 주택이 대표적인 부동산이라는 것을 배웠어요. 부동산은 여러 가지 방법으로 사용할 수 있어요. 예를 들어, 부동산의 주인이 다른 사람에게 일정 기간 빌려주거나, 팔 수도 있어요. 정의의 어머니께서 말씀하신 '월세'와 '전세'가 바로 집을 빌리는 방법에 대한 이야기였답니다.

먼저 월세는 매월 정해진 돈을 집주인에게 지급하면서, 거주하는 형태의 계약을 뜻합니다. 전 세계적으로 가장 많이 쓰이는 계약 방식이에요. 월세는 한 번에 많은 돈을 내지 않고, 한 달 치씩만 내는 것이라서, 당장 돈이 없는 사람이라도 부담 없이 살 수 있다는 장점이 있답니다. 그러나 매달 돈을 내더라도 돌려받지 못하기 때문에, 오랜 기간 월세로 사는 것은 부담이 될 수 있어요.

전세는 집에 처음 들어갈 때 큰 액수의 돈을 집주인에게 맡겨 두었다가, 다시 이사를 나올 때 그 돈을 돌려받는 형태의 계약이에요. 이 방식은 다른 나라에서는 거의 볼 수 없지만 우리나라에서는 매우 흔하게 쓰이는 계약의 형태입니다. 전세는 내가 낸 돈을 다시 100퍼센트 돌려받는 것이기 때문에, 돌려받지 못하는 월세보다 장점이 있지만, 한꺼번에 큰 비용을 맡겨야 하고, 집주인이 전세금을 돌려주지 않는 문제도 발생할 수 있답니다.

매매는 집값을 지불하고 그 집을 사서 소유하는 형태의 계약이에요. 주택이 나의 소유가 되기 때문에 다달이 임대료를 지불

할 필요가 없고, 전세금을 못 돌려받을 위험이 없으니 매우 안정적이지요. 그리고 매매 이후부터 자유롭게 다른 사람에게 임대해 주거나 판매할 수도 있어요. 그러나 내가 집을 산 이후에 집값이 떨어져서 손해를 보는 경우도 생길 수 있답니다.

이처럼 월세, 전세, 매매는 각자의 장단점이 있는 제도이기 때문에 어떤 것이 특별히 좋다고 말하긴 어렵습니다. 각 가정의 형편이나 상황을 고려해서 선택할 수 있답니다.

## 집주인이 바뀌면 나가야 하나요?

친구들은 정의네 집에 다녀온 후 정의네 집이 전세로 살고 있다는 것을 알게 되었어요. 각자 집에 가서 부모님께 여쭤보니 월세인 집도 있고 매매로 살고 있는 집도 있었지요. 정의의 어머님과 이랑이 덕분에 다양한 주거 형태에 대해 알 수 있게 되었어요.

그러던 어느 날 정의가 단톡방에 메시지 하나를 올렸어요.

"얘들아. 우리 집주인이 바뀌었대. 혹시 새로운 집주인이 우리 보고 나가라고 하면, 진짜 나가야 하는 거야?"

"나가야 하지 않을까? 집 주인이 바뀌었다는 것은 이전 집주인이 집을 팔았다는 거잖아. 새로 집을 산 사람이 그 집에 살고 싶다고 하면, 어쩔 수 없을 것 같아."

심술이는 집주인의 입장에서는 그럴 수 있다고 생각했지요.

"그런데, 집주인이 바뀔 때마다 살고 있던 사람이 나가야 한다면, 전세나 월세로 사는 사람들은 항상 불안해하며 살아야 하지 않을까?"

평등이는 살고 있는 사람의 입장에서 생각했어요.

'음, 주택임대차보호법에 대해 잘 모르니까 이렇게 걱정하는 걸 수도 있겠다.'

이랑이는 복잡한 주택임대차 관련 내용을 어떻게 설명해 줘야 할까 고민했어요. 그때, 심술이가 좋은 아이디어를 냈어요.

"우리 이거 인공지능(AI)에게 물어보는 건 어때?"

심술이는 생성형 AI라는 똑똑한 도구를 사용하는 방법을 친구들에게 알려 줬어요.

'박심술, 네가 이렇게 도움이 될 때도 있구나. 리걸 마인드!'

### 이랑이가 알려 주는 '주택임대차보호법'

▶ **임대인**: 부동산의 주인, 집을 빌려주는 사람을 말합니다.
▶ **임차인**: 부동산을 주인으로부터 빌려 쓰는 사람을 말합니다.
▶ **주택임대차보호법**: 주택의 임대차(임대 + 임차)에 대한 법으로, 국민의 주거생활 안정을 위한 법입니다.

▶ **대항력**: 임차인이 이사 후 행정복지센터에 주민등록을 하였다면, 그 이후부터는 다른 사람들로부터 보호받을 수 있는 힘이 생깁니다.

※ 주택임대차보호법 제1조, 제3조 참조

**대항력**
지지 않으려고 맞서는 힘을 말해요.

앞에서 배운 것처럼 우리나라에는 월세 혹은 전세라는 임대 방식으로 집에 거주하는 사람들이 많이 있습니다. 통계청에 따르면 우리나라 인구의 40퍼센트 정도가 월세나 전세로 거주하고 있다고 해요. 따라서 국회에서는 임차인들을 보호하는 법인 주택임대차보호법을 따로 만들어서 임차인들이 억울한 일을 당하지 않도록 보호하고 있어요.

주택임대차보호법에서 가장 중요한 내용 중 하나가 바로 '대항력'이에요. 대항력은 '대항할 수 있는 힘'이라는 뜻이에요. 쉽게 말해서, 임차인이 불공평한 대우를 받을 때 자신을 보호할 수 있는 힘이라고 생각하면 돼요.

하지만 이 대항력은 그냥 저절로 생기는 게 아니에요. 새로운 집으로 이사를 한 다음에 행정복지센터에 가서 '주민등록'을 해야 생겨요. 주민등록은 "내가 이 집으로 이사 왔어요!"라는 사실을 등록하는 거예요.

대항력이 생긴 후에는 집주인이 바뀌더라도 처음에 했던 임대차 계약이 그대로 보장돼요. 그래서 집을 빌려 사는 사람(임차인)

이라면 꼭 주민등록을 해야 해요.

## 우리 동네 맛집을 지켜 주세요

학교 앞에는 작은 분식집이 있어요. 가게는 작지만 맛있는 메뉴가 많아서 이랑이와 친구들이 자주 가는 맛집이었지요.

어느 날, 떡볶이 맛집을 소개하는 TV 프로그램에서 학교 앞 분식집을 촬영했어요. 화면에는 빨갛고 윤기 나는 떡볶이가 정말 맛있게 보였어요. 방송이 나가고 나니 사람들이 떡볶이를 먹으러 분식집에 몰려들었고, 가게 앞에는 줄이 길게 늘어섰지요.

친구들은 단골 맛집이 유명해진 게 좋기도 했지만, 우리만의 공간이 사라진 것 같아 아쉬웠어요.

그런데 방송이 나온 지 보름쯤 지났을 때, 이상한 일이 생겼어요. 학교 앞 분식집이 '우리 가게를 지켜 주세요!'라는 푯말을 붙이고 문을 닫은 거예요.

"어? 지금 가게 문 열 시간인데, 왜 닫혀 있지? 그리고 '우리 가게를 지켜 주세요!'는 무슨 뜻일까?"

학교를 마치고 집에 가던 정의가 먼저 물었어요.

"그러게. 장사가 잘되고 있었는데 왜 이러지?"

같이 가던 심술이도 궁금했어요. 그때 길 건너 아주머니들이 나누는 이야기가 들려왔어요.

"그 얘기 들었어? 저기 학교 앞 떡볶이집 말이야……"

"정말? 아이고, 어떡해. 건물주인이 너무하다. 이제 막 장사가 잘되기 시작했는데 그러면 안 되지……"

아주머니들의 이야기를 들은 친구들은 이해가 되지 않았어요. 그래서 이랑이에게 물었어요.

"이랑아, 저게 무슨 말이야? 건물주인이 너무하다니?"

"설마……. 건물주인 때문에 가게가 없어질 수도 있다는 것 같은데?"

친구들은 걱정했어요.

'저 떡볶이집은 우리 친구들의 맛집이니까, 내가 꼭 지켜야겠어! 리걸 마인드!'

### 이랑이가 알려 주는 〈상가건물 임대차보호법〉

▶ **상가건물:** 상가건물은 장사를 하는 가게나 건물을 말해요.
▶ **상가건물임대차보호법:** 상가건물을 빌려서 장사하는 사람들이 건물주(임대인)에게 불공평한 대우를 받지 않고, 안정적으로 장사를 할 수 있도록 보호해 주는 법이에요.
▶ **갱신(연장) 요구권:** 가게를 빌려서 장사하는 사람(임차인)이, 계약이 끝나기 전에 계약을 더 연장해 달라고 요구할 권리예요. 이 요구를 하면, 건물주는 최대 10년 동안은 계약 연장을 거절할 수 없어요.

※ 상가건물임대차보호법 제1조, 제10조 참조

우리는 앞에서 월세나 전세를 살고 있는 임차인을 보호하는 주택임대차보호법에 대해 배웠어요. 그런데 부동산에는 주택만 있는 것이 아니라, 여러분이 다니는 학원, 떡볶이집, 마라탕집 같은

'상가건물'도 있답니다. 이러한 상가건물을 주인에게 빌려 쓰고 있는 임차인을 보호하는 것이 바로 〈상가건물임대차보호법〉이에요.

이 법에서 가장 중요한 내용은 '갱신(연장) 요구권'이에요. 이건, 가게를 빌려 쓰는 사람이 계속 가게를 쓰고 싶다고 요구하면, 건물주가 이를 거절할 수 없다는 것이에요. 그럼 왜 이런 규칙이 있을까요?

사실, 가게를 열어서 자리를 잡는 건 굉장히 어려운 일이에요. 여러분도 동네를 떠올려 보면, 자주 가던 치킨집이나 미용실이 갑자기 사라진 경험이 있을 거예요. 떡볶이집 이야기에서도, 방송이 나오기 전에는 그럭저럭 운영되던 가게였지만, 방송 덕분에 이제 막 유명해져서 앞으로 더 잘될 거라고 기대하고 있었잖아요. 그런데 이런 상황에서 갑자기 가게를 비워야 한다면, 가게 주인 입장에서는 너무 억울하고 아쉬울 거예요. 그래서 상가건물임대차보호법에서는 가게를 안정적으로 운영할 수 있도록 최대 10년 동안 같은 가게를 계속 빌려서 쓸 수 있도록 보장하고 있어요.

어떤가요? 여러분이 좋아하는 떡볶이집이 최대 10년은 그 자리에 있을 수 있다니 안심이 되지 않나요?

> 읽을 거리

## 젠트리피케이션

―――――――――――――

　젠트리피케이션(gentrification)이란, 어떤 동네가 유명해지고 발전하면서 생기는 문제를 뜻하는 말이에요. 갑자기 동네가 인기가 많아지면, 집주인이나 가게 주인들이 임대료를 크게 올리게 되는데, 그 때문에 원래 그 동네에 살던 사람이나 장사하던 사람들이 높은 임대료를 감당하지 못하고 다른 곳으로 떠나게 되는 현상이에요.

　서울 신사동 가로수길, 이태원 경리단길, 홍대 거리 등이 대표적으로 젠트리피케이션이 발생한 동네에요. 처음에는 사람들이 많이 찾아와서 동네가 인기가 많아지고 발전했어요. 하지만 임대료가 너무 비싸지면서 원래 그 동네에 살던 사람들은 떠날 수밖에 없었어요.

　젠트리피케이션이 발생하면 원래 살던 사람들이 다른 지역으로 쫓겨나듯 이동하게 되는 것도 문제이지만, 이후 그 동네가 오히려 낙후되고 발전하지 못하게 된다는 것도 문제입니다. 왜 그런 일이 생길까요?

　임대료가 너무 비싸져서, 새로 그 동네에 들어오려고 하는 사람들이 줄어들기 때문입니다. 결국, 집주인들의 욕심 때문에 원래 살던 사람들은 다른 지역으로 쫓겨나고, 새로운 임차인들이 들어오지 못해 점점 사람의 발길이 끊기게 되는 것입니다.

　이러한 젠트리피케이션을 막기 위해서는 어떤 해결 방법이 있을까요? 모두 함께 고민해 볼 문제입니다.

## 평등이의 고민

요즘 이랑이는 평등이 때문에 걱정이 많아졌어요. 평등이가 평소보다 훨씬 말수가 적어졌고, 수업 시간에 좀처럼 집중하지 못하고 딴생각을 하는 것처럼 보였기 때문이었지요.

"평등아, 혹시 너 무슨 일 있어?"

"응? 아니야. 아무 일도 없어……."

이랑이가 걱정되어 물어봤지만, 평등이는 항상 아무 일 없다고만 대답했어요.

'정말 아무 일이 없어야 할텐데…….'

이랑이는 평등이가 걱정되었지만, 사소한 일이기를 바라며 더 이상 캐묻지 않기로 했어요.

그러던 어느 날, 담임선생님께서는 미술 시간에 '화목한 우리 가족'을 주제로 그림을 그려보라고 하셨어요. 친구들은 제각각 가족사진을 펼쳐 놓고 열심히 밑그림을 그려 나갔지요.

그런데 갑자기 평등이가 울먹이기 시작했어요. 담임선생님께서도 깜짝 놀라셨지요. 당황한 선생님은 평등이에게 무슨 일이 있는지 조심스럽게 물으셨지만, 평등이는 대답을 피하면서 보건실로 뛰쳐나가 버렸어요. 평등이가 걱정된 이랑이는 쉬는 시간 종이 울리자마자 보건실로 갔어요. 평등이가 조금 진정된 듯하자 이랑이가 물었지요.

"평등아, 너 무슨 일 있는 거 맞지? 우린 친구잖아. 비밀로 할 테니까 무슨 일인지 이야기해 봐."

"그게 그러니까……. 지난번에 엄마, 아빠가 하는 이야기를 우연히 들었는데, 이혼을 하겠다고 하셔서……."

평등이는 다시 울먹이며 겨우 대답했어요.

'아, 어쩐지! 요즘 평등이가 계속 표정이 좋지 않은 이유가 이거였구나. 이혼이야 흔히 있는 일지만, 평등이에게는 큰 충격이겠지. 그래도 이혼에 대해서 제대로 알려주고 싶은데, 어떻게 설명하면 좋을까……. 리걸 마인드!'

### 이랑이가 알려 주는 가족법 : 결혼과 이혼

▶ **결혼**: 남녀가 정식으로 부부관계를 맺기로 하는 약속입니다.
▶ **이혼**: 부부관계를 종료하는 것. 서로 합의하여 하는 협의 이혼과, 재판을 통해서 하는 재판상 이혼으로 나뉩니다.

※ 민법 제812조, 제834조, 제840조 참조

우리는 앞에서 계약이란 무엇인지 살펴보고, 민법에 있어 양 당사자 간 약속을 정하는 것의 의미에 대해서도 알아봤어요.

결혼은 두 사람이 함께 살면서 서로를 도와주고 보살펴 주기로 약속하는 일종의 계약이에요. 보통 계약은 두 사람 사이에서 약속만 하면 되지만, 결혼은 나라(국가)가 그 약속을 인정해야 해요. 그래서 '혼인신고서'라는 서류를 작성해서 나라에 제출해야 법적으로 결혼한 것이 돼요. 민법은 18세부터 결혼을 할 수 있다고 정해 두었는데, 단 미성년자는 부모의 동의를 얻어야 결혼할 수 있답니다.

우리는 앞에서 계약을 맺었다 하더라도, 누군가가 약속을 어기거나, 양 당사자가 합의할 경우에 계약을 해제할 수 있다는 점에 대해서도 배웠어요. 이혼도 마찬가지라고 볼 수 있어요. 결혼했다고 하더라도 누군가 부부로서의 약속을 어기거나 더 이상 함께 살지 않는 것에 대해서 서로 동의할 경우에 이혼할 수 있어요.

여러분은 태어날 때부터 부모님이 있었기 때문에 마치 원래부터 부모님이 한 가족인 것처럼 느껴질 수 있지만, 사실 부모님도 원래는 서로 모르는 사람들이었답니다. 부모님이 서로 미래를 약속하고 결혼을 했더라도, 얼마든지 그 약속은 변경될 수 있는 것이지요.

## 그럼 난 누구랑 살아야 해?

이랑이가 결혼도 일종의 계약이기 때문에, 서로 합의해서 계약을 종료시킬 수 있다는 점을 차근차근 설명하고 있을 때였어요. 대화를 듣던 심술이가 갑자기 눈치 없이 끼어들었지요.

"그런데 부모님이 이혼하시면 넌 이제 어떻게 해? 엄마나 아빠가 없어지는 거야? 그럼 너는 누구랑 살아야 해?"

그 말을 듣자 겨우 울먹임을 참고 있던 평등이가 다시 엉엉 울기 시작했어요.

'아휴, 저 눈치 없는 박심술!'

평등이를 다독이고 있던 이랑이는 심술이에게 눈치를 줬지만 이미 늦어 버린 후였어요.

"이랑아. 엄마랑 아빠가 어떻게 나한테 이럴 수가 있어? 우리는 가족이잖아. 가족이 따로 살면 그건 더 이상 가족이 아니잖아!"

　이랑이는 심술이와 평등이 모두 이혼에 대해 너무 큰 오해를 하고 있는 것 같다고 생각했어요. 사실 우리나라의 경우 다른 나라에 비해 이혼에 대한 오해와 편견이 큰 것도 사실이었지요.

　'이혼에 대한 편견이나 오해를 없애야겠어! 이혼하더라도 부모님과의 관계는 변함없다는 것을 알려 주자. 리걸 마인드!'

**이랑이가 알려 주는 가족법 : 양육권과 면접교섭권**

▶ **양육권**: 미성년 자녀를 키울 수 있는 권리를 말해요.
▶ **면접교섭권**: 이혼 후 자녀를 양육하지 않는 부모가 자녀와 만나거나, 연락 등을 할 수 있는 권리를 말해요.

※ 민법 제837조, 제837조의2 참조

부모님이 이혼한다고 해서, 더 이상 여러분의 엄마와 아빠가 아니게 되는 것은 아니에요. 남편과 아내로서의 관계만 종료될 뿐이지 부모와 자녀 간의 관계는 여전히 이어진답니다.

다만 부모님이 따로 살게 되면 여러분이 주로 누구와 함께 지낼지를 정해야 해요. 이때 주로 여러분을 보호하고 함께 살 사람을 '양육권자'라고 합니다. 이혼을 결정할 때 둘 중 누가 자녀와 주로 함께 지낼 것인지를 결정해야 해요. 이건 부부가 상의해서 결정할 수도 있고, 법원이 결정해 주기도 합니다. 법원은 자녀가 누구와 함께 살 때 더 행복할 수 있을지를 고려해서 결정하게 됩니다. 법원에서 자녀에게 누구와 함께 살고 싶은지 물어보고 결정하는 경우도 있지요.

그렇지만 함께 살지 않는 부모님이라고 해도 여전히 여러분의 부모님이고, 약속을 정하고 만날 수 있어요. 법적으로는 '면접교섭'이라고 해서 만날 수 있는 날을 미리 정하고 만나는 방법도 있고, 따로 약속을 정하지 않더라도 자유롭게 만나는 경우도 있답니다. 그리고 같이 살지 않는 부모님도 여러분이 먹는 것, 입는 것, 학원을 가는 것에 드는 비용을 지급할 의무가 있어요. 부모님이 이혼하더라도 여러분이 이전과 비슷한 수준으로 생활할 수 있도록 '양육비'를 지급하도록 하는 것입니다.

**양육비**
자녀를 키우는 데 필요한 비용을 말해요.

가족의 형태는 매우 다양해요. 아빠, 엄마, 자녀가 있는 집도 있고 아빠나 엄마 중 한 분만 있는 집도 있고, 아빠, 엄마가 두 분 모두 안 계시고 할머니, 할아버지와 함께 사는 가족도 있지요. 가족의 형태는 모두 다르지만, 정말 중요한 사실은 가족은 항상 여러분을 사랑하고 지켜 주는 존재라는 거예요.

### 과제활동  부부가 지켜야 할 약속

혹시, 결혼에 대해 상상해 본 적이 있나요? 훗날 결혼을 한다면, 이것만큼은 서로 지켜야 한다고 생각하는 약속을 적어 봅시다.

**[문제 1]** 다른 이성과의 관계는 어떻게 해야 할까?

**[문제 2]** 집안 일 분배는 어떻게 하는 것이 좋을까?

**[문제 3]** 자녀 계획은 어떻게 하는 것이 좋을까?

**[문제 4]** 경제 활동(저축, 생활비 등) 관리는 어떻게 하면 좋을까?

> 진로탐색   **가장 든든한 조력자, 나는 변호사!**

드라마나 영화에서는 심심치 않게 변호사가 등장하지요. 극 중에서 변호사는 억울한 사람을 도와주기도 하고, 때로는 악당을 돕는 것처럼 묘사되기도 합니다.

과연 변호사란 어떤 일을 하고, 어떻게 하면 변호사가 될 수 있을지 함께 알아볼까요?

### 질문 1. 변호사는 어떤 일을 하는 사람인가요?

변호사는 법적인 문제를 해결해 주는 전문가예요. 주로 소송 등 법적 절차를 대신해 주는 역할을 하지요. 형사소송에서는 범죄와 관련된 소송에서 피고인을 변호하는 변호인이 돼요. 민사소송에서는 돈이나 계약 문제처럼 사람들끼리의 다툼에서 원고나 피고의 대리인으로 소송을 대신해 줘요.

변호사는 꼭 법정에서만 일하지 않고, 법과 관련된 다양한 일을 할 수 있어요. 법적인 판단이 필요한 사람들에게 "이렇게 하는 게 법적으로 맞아요!"라고 조언해 주는 법률 자문을 하기도 하고, 중요한 계약을 할 때 법에 맞게 계약서를 써 주는 역할도 해요. 또, 회사가 법을 잘 지키고 있는지 감시하는 준법감시인의 역할을 하기도 해요.

### 질문 2. 변호사가 되기 위해서는 어떤 과정을 거쳐야 하나요?

변호사가 되기 위해서는 대학을 졸업하거나 대학교로 인정받을 수 있는 학력을 취득해야 해요. 그러고 나서 로스쿨(법학전문대학원)에 진학해야 합니다.

로스쿨은 총 3년 과정인데, 로스쿨을 졸업하고 변호사시험에 합격해야만 변호사 자격증을 취득할 수 있답니다.

로스쿨에서는 공법, 형법, 민법 등 여러분이 배운 기본적인 법 말고도 다양한 법을 공부하게 되고, 변호사로서 작성해야 할 서면을 작성하는 방법에 대해서도 공부하게 된답니다.

### 질문 3. 변호사가 되기 위해 어떤 노력을 해야 할까요?

로스쿨에 입학하기 위해서는 LEET라고 부르는 법학적성시험을 치러야 합니다. 이 시험은 많은 양의 글을 빠르게 읽고 이해하는 능력과 논리력을 테스트하는 시험이에요.

따라서 초등학생 때부터 많은 양의 독서를 하고, 항상 논리적으로 생각하는 습관을 기르는 것이 큰 도움이 될 수 있답니다.

### 질문 4. 변호사가 되었을 때, 장점과 단점이 궁금해요.

변호사는 자신의 전문적인 지식으로 다른 사람들을 도울 수 있고, 회사에 속한 회사원과 달리 자신의 판단에 따라 자유롭게 일을 하고 결정할 수 있는 장점이 있어요.

하지만 변호사로 일하는 데에는 책임감과 부담감도 따릅니다. 변호사는 자신이 맡은 일을 전적으로 책임져야 하고, 결과적으로 다른 사람의 인생에 큰 영향을 줄 수 있기 때문이에요. 이 때문에 많은 변호사들이 큰 스트레스를 받기도 해요.

### 질문 5. 변호사도 전문 분야에 따라 다양한 일을 한다는데, 대표적인 변호사 유형을 소개해 주세요.

- **송무 변호사** : 소송 업무를 하는 변호사를 송무 변호사라고 합니다. 민사소송, 형사소송 등의 소송을 수행하지요.
- **국선 변호사** : 국선 변호사는 형사 재판을 받는 피고인 중 경제적으로 어려워서 변호인을 선임하기 어려운 사람들을 위해 국가가 선임해 주는 변호인을 뜻해요.
- **사내 변호사** : 회사에 소속되어 회사가 하는 일이 위법하지는 않은지 검토하고, 계약서를 작성하고, 법률자문을 해 주는 변호사입니다.
- **공무원인 변호사** : 행정청에 소속되어 공무원의 신분으로 법률자문을 하거나, 행정청의 소송을 수행하는 변호사입니다.

## 부록 1. 교육과정 연계표

**1장. 형법**

초등 3, 4, 5, 6학년 그리고 중학교 1학년의 사회, 도덕, 국어 성취 기준과 책의 내용 및 과제 활동이 유기적으로 연결되어 있습니다. 학교에서 온책 읽기 교재로 활용할 수 있도록 학교폭력 예방교육, 가정폭력 예방교육 등 생활교육 및 범교과 활동까지 다루고 있습니다. 과제활동을 통해 리걸 마인드를 기르고 2022개정 교육과정에서 강조하는 창의적 사고 역량, 협력적 소통역량까지 함께 얻을 수 있습니다.

| 교재 | 연계 과목 | 연계 성취기준 | 과제 활동 |
|---|---|---|---|
| 사람을 처벌하는 법에는 엄격한 기준이 필요해! | 사회 | [9사(일사)05-01] 법의 의미와 특징을 설명하고, 일상생활에서 접하는 법의 사례를 통해 법의 목적을 도출한다.<br>[6국02-03] 글이나 자료를 읽고 내용의 타당성과 표현의 적절성을 평가한다. | O |
| 물건은 주운 사람이 임자일까? | 사회 | [4사09-01] 생활 주변에서 찾을 수 있는 여러 가지 문제를 파악하고, 그 문제를 합리적으로 해결하는 능력을 기른다.<br>[6국03-01] 알맞은 내용을 선정하여 대상의 특성이 나타나게 설명하는 글을 쓴다. | O |

| | | | |
|---|---|---|---|
| 길에서는 매일매일 조심해야 해! | 사회, 국어 | [4사09-01] 생활 주변에서 찾을 수 있는 여러 가지 문제를 파악하고, 그 문제를 합리적으로 해결하는 능력을 기른다.<br>[4국03-03] 대상에 대한 자신의 의견과 그렇게 생각한 이유가 드러나게 글을 쓴다. | O |
| 친구 사이에도 범죄가 생길 수 있다고? | 사회, 도덕 | [6사03-02] 일상생활에서 인권이 침해되는 사례를 찾아 해결 방안을 탐색하고, 인권 보호 활동에 참여한다.<br>[4도02-02] 친구 사이의 배려에 대한 올바른 이해를 바탕으로, 일상생활에서 배려에 기반한 도덕적 관계를 맺을 수 있는 방안을 탐색한다. | |
| 불확실한 일에 돈이나 재산을 걸었다고? | 사회, 국어 | [9사(일사)12-02] 오늘날의 주요한 사회문제를 조사하고, 우리 생활에 미치는 영향에 대해 토의한다.<br>[6국03-02] 적절한 근거를 사용하고 인용의 출처를 밝히며 주장하는 글을 쓴다. | O |
| 온라인에서도 범죄는 발생해! | 사회, 도덕 | [6사03-02] 일상생활에서 인권이 침해되는 사례를 찾아 해결 방안을 탐색하고, 인권을 보호하는 활동에 참여한다.<br>[4도03-02] 디지털 사회에서 발생하는 다양한 문제를 살펴보고, 해결 방안을 탐구하여 정보통신 윤리에 대한 민감성을 기른다.<br>[6국03-04] 독자와 매체를 고려하여 내용을 생성하고 표현하며 글을 쓴다. | O |
| 촉법소년은 처벌을 받지 않는다고? | 사회, 국어 | [9사(일사)05-03] 재판의 의미와 종류를 설명하고, 공정한 재판의 중요성에 대해 토의한다.<br>[6국02-03] 글이나 자료를 읽고 내용의 타당성과 표현의 적절성을 평가한다. | O |
| 꽃으로도 때리지 마세요! | 사회, 도덕, 국어 | [9도02-01] 정서적·배려적 공동체로서 가정의 특성과 도덕적 기능을 파악하고, 가정 갈등을 공감적·민주적으로 해소하는 의지를 기른다.<br>[9도02-05] 폭력의 유형·원인·결과를 분석하고, 갈등을 평화적으로 해결할 수 있는 방안을 모색한다.<br>[6사03-02] 일상생활에서 인권이 침해되는 사례를 찾아 해결 방안을 탐색하고, 인권 보호 활동에 참여한다.<br>[4국03-04] 목적과 주제를 고려하여 독자에게 마음을 전하는 글을 쓴다. | O |

## 2장. 민법

| 교재 | 연계 과목 | 연계 성취기준 | 과제 활동 |
|---|---|---|---|
| 약속을 하면 무조건 지켜야 할까요? | 사회, 도덕, 국어 | [6도03-02] 정의에 관한 관심을 토대로 공동체 규칙의 중요성을 살펴보고 직접 공정한 규칙을 고안하며 기초적인 시민의식을 기른다.<br>[9사(일사)05-01] 법의 의미와 특징을 설명하고, 일상생활에서 접하는 법의 사례를 통해 법의 목적을 도출한다.<br>[6국02-03] 글이나 자료를 읽고 내용의 타당성과 표현의 적절성을 평가한다. | O |
| 이제 그만 싸우고 싶다고요! | 도덕, 국어 | [4도03-02] 디지털 사회에서 발생하는 다양한 문제를 살펴보고, 해결 방안을 탐구하여 정보통신 윤리에 대한 민감성을 기른다.<br>[6국03-06] 쓰기에 적극적으로 참여하며 자신의 글을 독자와 공유하는 태도를 지닌다. | O |
| 내 돈 갚아야지, 심술아! | 사회 | [9사(일사)05-02] 우리의 일상을 규율하는 다양한 법을 탐색하고, 국내외 사례를 통해 사회법이 필요한 이유에 대해 토의한다. | O |
| 층간소음, 이제 더 이상 참을 수 없어! | 사회, 국어 | [4사09-01] 생활 주변에서 찾을 수 있는 여러 가지 문제를 파악하고, 그 문제를 합리적으로 해결하는 능력을 기른다.<br>[6국02-02] 글에서 생략된 내용이나 함축된 표현을 문맥을 고려하여 추론한다. | O |
| 미성년자의 거래, 취소할 수 있을까? | 사회, 국어 | [9사(일사)06-02] 기본권 제한의 요건과 한계가 헌법에 명시된 이유를 토의하고, 기본권 침해 시 구제 방법을 조사한다.<br>[6국03-02] 적절한 근거를 사용하고 인용의 출처를 밝히며 주장하는 글을 쓴다. | O |
| 흰둥이는 우리 가족이라고요! | 사회, 국어 | [9사(일사)05-02] 우리의 일상을 규율하는 다양한 법을 탐색하고, 국내외 사례를 통해 사회법이 필요한 이유에 대해 토의한다.<br>[4국03-03] 대상에 대한 자신의 의견과 그렇게 생각한 이유가 드러나게 글을 쓴다. | O |

| | | | |
|---|---|---|---|
| 집주인이<br>우리 가족에게 나가래! | 사회 | [9사(일사)06-01] 일상생활에서 인권이 침해되는 사례를 조사하고, 우리 헌법에 보장된 기본권의 종류를 탐색한다. | |
| 우리 부모님이<br>이혼하신다고? | 도덕,<br>국어 | [9도02-01] 정서적, 배려적 공동체로서 가정의 특성과 도덕적 기능을 파악하고, 가정에서 발생하는 갈등을 공감적인 소통과 민주적인 과정을 통해 해소하는 의지를 기른다.<br>[4국03-03] 대상에 대한 자신의 의견과 그렇게 생각한 이유가 드러나게 글을 쓴다. | O |

# 부록 2.
# 2022 개정교육과정 학교 자율시간 운영자료

교재만 있으면 학교 자율시간 32차시를 운영할 수 있도록 구성하였습니다. 학교 및 학년의 상황에 맞게 시수를 조정하여 학교 자율시간 '활동'을 운영할 수 있습니다.

| 학년 | 3, 4, 5, 6학년 | 시수운영계획(예시) ||||||
|---|---|---|---|---|---|---|---|
| 활동명 | 이야기로 배우는 우리 법<br>(민주시민역량) | 교과<br>(군)<br>시수 | 교과 | 사회 | 도덕 | 국어 | 창체 |
| | | | 시수 | 8 | 8 | 6 | 10 |

| 영역 | 교재 | 차시 | 학습 주제 및 내용 |
|---|---|---|---|
| 법 | 서론 | 1 | -법이 필요한 이유 생각해 보기<br>-책 읽기를 통해 법의 필요성과 리걸 마인드 알아보기<br>-리걸 마인드를 기르기 위한 활동 함께 정하기(학습자 주도성) |
| 형법 | 사람을 처벌하는 법에는 엄격한 기준이 필요해! | 2-3 | -본문 읽고 토의하기<br>-형법의 기본 원칙, 범죄의 구성요건, 형벌 알아보기<br>-과제활동하기(너에게 형벌을 내리노라) |
| | 물건은 주운 사람이 임자일까? | 4-5 | -본문 읽고 토의하기<br>-점유 이탈물 횡령죄와 절도죄 알아보고 차이점 분석하기<br>-과제활동하기(분실물함을 만들어 보자!) |
| | 길에서는 매일매일 조심해야 해! | 6-7 | -본문 읽고 토의하기<br>-도로교통법, 스쿨존, 민식이법 알아보기<br>-과제활동하기(교통사고 몇 대 몇) |
| | 친구 사이에도 범죄가 생길 수 있다고? | 8-9 | -본문 읽고 토의하기<br>-학교폭력의 정의와 종류, 학교폭력대책심의위원회 알아보기<br>-학교 폭력 예방교육 |
| | 불확실한 일에 돈이나 재산을 걸었다고? | 10-11 | -본문 읽고 토의하기<br>-도박죄, 도박 중독의 위험성 알아보기<br>-과제활동하기(게임일까, 도박일까?) |

| | | | |
|---|---|---|---|
| 민법 | 약속을 하면 무조건 지켜야 할까요? | 18-19 | -본문 읽고 토의하기<br>-민법의 기본 원리, 민법의 한계, 민법의 주요 개념 알아보기<br>-과제활동하기(무효인 법률행위를 찾아봐요) |
| | 이제 그만 싸우고 싶다고요! | 20-21 | -본문 읽고 토의하기<br>-계약에 대해 알아보기<br>-과제활동하기(스마트폰 사용 계약서를 작성해 봅시다) |
| | 내 돈 갚아야지, 심술아! | 22-23 | -본문 읽고 토의하기<br>-채권, 채무, 민사소송 알아보기<br>-과제활동하기(민사소송의 소장을 써 봐요) |
| | 층간소음, 이제 더 이상 참을 수 없어! | 24-25 | -본문 읽고 토의하기<br>-불법행위, 손해배상, 손해의 세 가지 종류 알아보기<br>-과제활동하기(어떤 유형의 손해인지 분류해 봐요) |
| | 미성년자의 거래, 취소할 수 있을까? | 26-27 | -본문 읽고 토의하기<br>-미성년자의 행위능력 알아보기<br>-과제활동하기(어떤 물건까지 살 수 있을까요?) |
| | 흰둥이는 우리 가족이라고요! | 28-29 | -본문 읽고 토의하기<br>-물권, 동산, 부동산 알아보기<br>-과제활동하기(미래의 동산과 부동산은?) |
| | 집주인이 우리 가족에게 나가래! | 30-31 | -본문 읽고 토의하기<br>-월세, 전세, 매매, 임대차보호법 알아보기<br>-젠트리피케이션 시뮬레이션 활동하기 |
| | 우리 부모님이 이혼하신다고? | 32 | -본문 읽고 토의하기<br>-결혼, 이혼, 양육권, 면접교섭권 알아보기<br>-과제활동하기(부부가 지켜야 할 약속) |

### 성취기준(예시)

- **형법 성취기준**

**지식:** 형법의 기본 원리와 주요 형법을 탐구하여 법의 역할과 사회적 규범의 중요성을 이해한다.

**기능:** 다양한 형법 사례를 분석하고, 법적·윤리적 근거를 통해 정의롭고 합리적인 해결 방안을 도출한다.

**가치·태도:** 타인의 권리와 사회적 약자를 존중하며, 형법의 역할을 바탕으로 정의롭고 책임감 있는 시민으로 성장하려는 태도를 기른다.

- **민법 성취기준**

**지식:** 민법이 보장하는 개인의 권리와 책임을 삶과 연결지으며, 법이 일상생활에서 인간관계를 조화롭게 만드는 도구임을 이해한다.

**기능:** 민법과 관련된 다양한 사례를 탐구하고, 일상적인 갈등을 해결하기 위한 법적 근거와 실질적인 해결책을 제시한다.

**가치·태도:** 계약과 약속의 가치를 존중하며, 민주시민으로서의 권리와 책임을 균형 있게 실천하는 성숙한 태도를 기른다.